Marco Garrone

DECOSTRUZIONE EDILIZIA

SOSTENIBILE

Amazon - Create Space

prima edizione, aprile 2105

ISBN 978-1507883969

www.marcogarrone.net

L'azione va incontro all'insuccesso anche perché non di rado le conoscenze radunate con fervore di zelo non erano guidate da un filo conduttore. Non conosce chi cerca, bensì colui che sa cercare.

Luigi Einaudi

Dedicato alle due anime

che hanno dato un senso

a ciò che non ne ha

INDICE

PREMESSA

Il dissesto edilizio e idrogeologico del nostro Paese è ormai per l'opinione pubblica un tema centrale e sarà presto necessario porre nell'agenda istituzionale progetti efficaci per la conservazione e qualificazione del patrimonio edilizio.

Su questo tema sono intervenuti, ormai da lungo tempo, gli ordini professionali e le associazioni di settore, proponendo interventi di riqualificazione e riuso del patrimonio edilizio e progetti di consolidamento del territorio. La totalità di questi validi progetti, è però finalizzata alla realizzazione di interventi da sostenere e sviluppare attraverso il patrimonio dello Stato, tutti in qualche maniera ancorati ad un sistema di gestione della cosa pubblica, riferibile alle prassi del recente passato e proprio nell'insostenibilità del sistema di governo dell'Italia repubblicana risiede il principale ostacolo alla loro realizzazione.

E' intenzione quindi, attraverso questo elaborato, fornire gli elementi necessari all'inquadramento dell'attuale situazione del patrimonio edilizio nazionale e della normativa urbanistica, al fine di suggerire un diverso approccio al recupero edilizio, più vicino all'ideale comunitario ispirato dalle parole di Jean Monnet «non fare, ma far fare». La burocrazia del XX secolo orientata ad un idealtipo nato dalle elaborazioni tecniche di vari autori, Max Weber sopra a tutti, prevedeva per un futuro di efficienza e rapidità ben superiori a quanto un qualsiasi individuo non organizzato avrebbe ottenuto singolarmente. Alla fine del novecento è apparso chiaro che il *welfare state* così immaginato nel corso dei decenni precedenti necessitava di una profonda revisione, di una trasformazione che accompagnasse l'ideale keynesiano verso il nuovo millennio. Su questo tema sono stati riproposti i temi del liberismo e in parallelo, forse per contrappunto al revanscismo neoliberale, si stanno facendo strada idee di collettivizzazione della proprietà privata.

In questo periodo di fermento intellettuale sui temi della sostenibilità ambientale, è importante sapere che il patrimonio edilizio non sarà in grado di resistere nell'attesa. Occorre porre in essere interventi urgenti, già in grande ritardo, pur sapendo di non avere risorse economiche per l'immediata realizzazione. Fino ad oggi, per l'ormai ultra-decennale vocazione edificatoria del Paese, si è focalizzata l'attenzione sulle costruzioni, si parla di costose operazioni di recupero, si progettano i piani urbanistici in funzione di ciò che sarà costruito e non si è tenuta in sufficiente considerazione l'idea di ridurre i volumi o meglio, trasferirli attraverso il Paese, nello spazio e nel tempo.

A tal fine uno stato "dirigente" di stampo comunitario potrebbe superare l'*impasse* venutasi a creare, stimolando la sussidiarietà orizzontale, agevolando il cittadino a provvedere per proprio conto ad eliminare il patrimonio edilizio pur senza l'immediatezza della ricostruzione; stimolare la "de-costruzione" del Paese a qualsiasi livello, permettere di eliminare edifici vetusti e sovente abbandonati, pur mantenendo i diritti derivanti dal titolo edilizio acquisito con l'immobile. Utilizzando quale faro d'orientamento le parole di John Maynard Keynes «la difficoltà non sta nello sviluppare nuove idee, ma nel rifuggire le vecchie», per ottenere l'innovazione urbanistica del Paese è necessario un intervento a carattere generale, che superi le barriere territoriali e possa incentivare il trasferimento dei volumi verso le aree più adatte a sostenere l'elevata densità edilizia nazionale.

A tal fine prende vita questo progetto di "decostruzione edilizia sostenibile" che coinvolge in maniera trasversale numerose discipline tecniche apparentemente non correlate, se non attraverso il fulcro del benessere dei cittadini e l'ammodernamento dei sistemi urbanistico ed edilizio.

1. IL PANORAMA EDILIZIO NAZIONALE

1.1   Le competenze urbanistiche nei vari livelli di governo del territorio

A partire dalla seconda metà del XIX secolo, nelle maggiori città italiane si manifesta l'esigenza di regolamentare efficacemente l'edificazione. La gestione del territorio era allora una prerogativa dell'amministrazione locale con piani di ampliamento e piani di ristrutturazione concepiti singolarmente e in base alle sole esigenze municipali. Alessandro Crosetti[1] definisce gli interventi, nati in quel particolare periodo della storia nazionale, come uno strumento di democrazia avanzata, poiché relativi ad interessi percepiti come collettivi dalle comunità le cui istituzioni locali si sarebbero occupate del governo del territorio.

Con l'unificazione nazionale acquista rilevanza l'uniformazione legislativa e con essa si rende necessario definire in maniera unitaria gli strumenti di pianificazione territoriale. L'istituto del piano regolatore viene introdotto nel periodo immediatamente successivo all'unificazione nazionale. In tale periodo[2] si concede ai Comuni con più di

---

1   A. CROSETTI, *Profili giuridici della riorganizzazione sovracomunale del territorio*, Giuffré, 1979, 222.

2   L. 25 giugno 1865 n. 2359, *Disciplina delle espropriazioni*

10.000 abitanti la facoltà di individuare le linee per la migliore ricostruzione dell'abitato. La stessa disposizione al capo VII[3] definisce il piano regolatore di ampliamento per i Comuni in grado di dimostrare l'attuale necessità di estendere l'abitato e concede la facoltà di esproprio per pubblica utilità a tal fine.

Durante i primi decenni del novecento inizia a palesarsi la necessità di riforma della normativa urbanistica che culminerà con l'approvazione della legge 17 agosto 1942 n. 1150[4]. Nata da un attento lavoro di progettazione, la legge istituisce lo strumento del piano regolatore generale[5] la cui caratteristica principale è la

---

forzate per causa di pubblica utilità, capo VI art. 86 e ss.

3   L. 2359/1865, cit. art. 93 "I Comuni pei quali sia dimostrata la attuale necessità di estendere l'abitato, potranno adottare un piano regolatore di ampliamento in cui siano tracciate le norme da osservarsi nella edificazione di nuovi edifizi, a fine di provvedere alla salubrità dell'abitato, ed alla più sicura, comoda e decorosa sua disposizione". Nasce l'istituto del piano regolatore che seppure modificato, ad esempio esteso a tutto il territorio comunale dalla legge 1150/1942, attraverserà tutto il novecento fino alla sua riforma con il T.U. 380/2001.

4   L. 17 agosto 1942 n. 1150, *Legge urbanistica.*

5   Legge 1150/1942, trasforma il piano regolatore al fine di tutelare tutto il territorio nazionale, in armonia con le leggi di tutela paesistica che pochi anni prima avevano visto la luce, la legge 1 giugno 1939 n. 1089 per la tutela dei ben monumentali e la legge 29 giugno 1939 n. 1497 per la tutela del paesaggio. Così il testo dell'art.7 "I piano regolatore generale deve considerare la totalità del territorio comunale. Esso deve indicare essenzialmente: 1) la rete delle principali vie di comunicazione stradali, ferroviarie e navigabili e dei relativi impianti; 2) la divisione in zone del territorio comunale con la precisazione delle zone destinate all'espansione dell'aggregato urbano e la determinazione dei

pianificazione sull'intero territorio comunale, includendo quindi anche le aree rurali. L'innovazione della norma è radicale, comprende l'insieme nazionale a vari livelli ampliando quindi il raggio d'azione della pianificazione. Al capo II vengono istituiti il piano territoriale di coordinamento e il piano intercomunale, al capo III il summenzionato piano regolatore generale e a livello ulteriormente inferiore il piano particolareggiato. Viene inoltre istituito il programma di fabbricazione, proceduralmente più snello, per i Comuni più piccoli. Nei decenni seguenti, pur mantenendo inalterato l'impianto normativo, la l. n. 1150 del 1942 verrà modificata con l'introduzione di nuovi strumenti attuativi quali il piano di zona e il piano di lottizzazione.

Altro aspetto di radicale novazione, giunto peraltro fino ad oggi, è l'istituzione della licenza edilizia prevista al comma 1 dell'art. 29 «Chiunque intenda nell'ambito del territorio comunale eseguire nuove costruzioni, ampliare, modificare o demolire quelle esistenti, ovvero procedere all'esecuzione di opere di urbanizzazione del terreno, deve chiedere apposita licenza al Sindaco». Al comma 5 dello stesso articolo è altresì

---

vincoli e dei caratteri da osservare in ciascuna zona; 3) le aree destinate a formare spazi di uso pubblico o sottoposte a speciali servitù; 4) le aree da riservare ad edifici pubblici o di uso pubblico nonché ad opere ed impianti di interesse collettivo o sociale; 5) i vincoli da osservare nelle zone a carattere storico, ambientale, paesistico; 6) le norme per l'attuazione del piano."

disposto «La concessione della licenza è comunque e in ogni caso subordinata alla esistenza delle opere di urbanizzazione, primaria o alla previsione da parte dei Comuni dell'attuazione delle stesse nel successivo triennio o all'impegno dei privati di procedere all'attuazione delle medesime contemporaneamente alle costruzioni oggetto della licenza». E' indubbio che tale disposizione esprima la volontà del legislatore di controllare e razionalizzare il consumo di suolo e la qualità del costruito, intenzione che verrà rinnovata nel corso dei decenni e anzi meglio specificata con norme successive.

La norma prescrive inoltre l'adozione del regolamento comunale[6], strumento necessario per l'adattamento delle norme urbanistiche e igienico sanitarie alle peculiarità del territorio e in ultimo rinnova le norme circa l'espropriazione già previste nella l. n. 2359 del 1865. Le disposizioni di codesta riforma, pur mantenendo la competenza urbanistica in capo alle amministrazioni municipali, danno grande enfasi al processo di uniformazione nazionale della gestione urbanistica e territoriale che, seppure timidamente avviato ottant'anni prima, non era mai divenuto effettivo.

---

6   Il regolamento edilizio comunale ancora oggi è il fulcro delle politiche edilizie territoriali, disciplinato dall'art. 33 L. 1150 del 1942 "I Comuni debbono, con regolamento edilizio, provvedere, in armonia con le disposizioni contenute nella presente legge e nel testo unico delle leggi sanitarie approvato con R.D. 27 luglio 1934, n. 1265...".

La rinascita economica del secondo dopoguerra e la crescita vertiginosa del settore delle costruzioni, nonché la difficile applicazione delle norme urbanistiche, obbligano il legislatore a porre importanti modifiche alle norme urbanistiche. Ciò avviene il 6 agosto 1967 con la legge 765[7], cosiddetta "Legge ponte" resasi urgente e necessaria a seguito del crollo di numerosi edifici nella Valle dei templi ad Agrigento. In tale periodo di benessere diffuso, la commistione tra imprenditoria e politica locale inizia a produrre effetti negativi sul territorio. Numerosi Comuni disattendono colpevolmente le normative urbanistiche, non adottano strumenti di pianificazione territoriale e concedono agli speculatori ampio raggio d'azione, in questo contesto vede la luce codesta legge in cui il legislatore interviene per contenere gli effetti del lassismo locale.

Le competenze urbanistiche restano in capo ai Comuni, seppure l'intervento governativo, scaturito nell'immediatezza del crollo di numerose abitazioni nella Valle dei templi ad Agrigento, all'art.1 della succitata Legge ponte, obbliga i Comuni a redigere i piani regolatori, con i successivi articoli introduce modifiche alla L. 1150 del 1942 riassumibili in una serie di controlli e tutele da parte degli enti territoriali e del Ministero per i lavori pubblici, nonché una riforma procedurale circa la

---

7   L. 6 agosto 1967 n. 765, *Modifiche ed integrazioni alla legge urbanistica 17 agosto 1942 n.1150*

formazione degli strumenti attuativi locali. Nell'intenzione di qualificare il costruito e preservare il territorio, il legislatore introduce una serie di vincoli riassumibili nell'obbligo di provvedere alle opere di urbanizzazione primaria e secondaria[8], e con esso la necessità di pianificazione economica per le opere di urbanizzazione primaria inerenti gli edifici in via di costruzione.

La competenza urbanistica è attribuita agli enti locali, per mezzo di atti complessi come vengono intesi i Piani Regolatori nella giurisprudenza[9].

La cronologia delle riforme urbanistiche ci porta al 1977[10] con la cosiddetta "Legge Bucalossi", la cui principale innovazione è l'introduzione dell'istituto della concessione edilizia, nonché l'onerosità della stessa[11]. La

---

8 L. 765/1967, cit. art. 10 comma 6 «La concessione della licenza e' comunque e in ogni caso subordinata alla esistenza delle opere di urbanizzazione primaria o alla previsione da parte dei Comuni dell'attuazione delle stesse nel successivo triennio o all'impegno dei privati di procedere all'attuazione delle medesime contemporaneamente alle costruzioni oggetto della licenza».
9 Cons. Stato, sez. IV, 18 gennaio 2011, n. 352, peraltro recentemente ribadita dalla sentenze del TAR Lombardia Milano, sez. II, del 11 giugno 2013 n. 1502 e 20 dicembre 2013 n. 2898.
10 L. 28 gennaio 1977 n. 10, *Norme per la edificabilità dei suoli*.
11 L. 10/1977, cit. art. 3 "La concessione comporta la corresponsione di un contributo commisurato all'incidenza delle spese di urbanizzazione nonché al costo di costruzione" limita per la prima volta lo *jus aedificandi* a beneficio dell'interesse collettivo e avvia quella prassi di finanziamento per mezzo delle concessioni edilizie che ancora oggi sostiene primariamente i bilanci di molti Comuni.

norma definisce inoltre nel dettaglio i criteri di valutazione economica degli oneri di urbanizzazione introdotti in precedenza dalla "Legge ponte". L'anno seguente viene promulgata la L. 5 agosto 1978 n. 457[12] che torna a disciplinare specificamente il recupero dell'abitato. Dall'incremento edificatorio che seguì l'introduzione del concetto di recupero urbanistico nel 1865, la vertiginosa crescita immobiliare del Paese ha una battuta d'arresto, imponendo alla politica un'attenta riflessione sul patrimonio immobiliare nazionale. In tal senso vengono elaborati nuovi strumenti finalizzati alla riqualificazione del patrimonio immobiliare[13], e con questi l'istituto del piano di recupero che si aggiunge ai vari strumenti attuativi a disposizione dei Comuni.

Con il nuovo secolo il legislatore redige il testo unico in materia edilizia[14], nel cui testo compare per la prima volta il permesso di costruire, in sostituzione della concessione edilizia istituita dalla Bucalossi trent'anni prima. La nuova norma prevede inoltre l'introduzione della legislazione concorrente regionale[15] in materia di

---

12 L. 5 agosto 1978 n. 457, *Norme per l'edilizia residenziale.*
13 L. 457/1978 cit. art. 27 comma 1 «I Comuni individuano, nell'ambito degli strumenti urbanistici generali, le zone ove, per le condizioni di degrado, si rende opportuno il recupero del patrimonio edilizio ed urbanistico esistente mediante interventi rivolti alla conservazione, al risanamento, alla ricostruzione e alla migliore utilizzazione del patrimonio stesso»
14 D.P.R. 6 giugno 2001 n. 380, *Testo unico delle disposizioni legislative e regolamentari in materia edilizia.*
15 D.P.R. 380/2001 cit. art. 2 comma 1 "Le regioni esercitano la

edilizia. In seguito alle disposizioni di codesta norma, molte regioni emaneranno leggi circa l'edificazione e la disciplina urbanistica, in linea di massima armonizzate con gli strumenti nel frattempo comparsi in ambito paesistico territoriale.

Di recente emanazione, il D.L. 13 maggio 2011 n. 70[16], che consente la deroga alle procedure di rilascio dei titoli abilitativi di cui al testo unico[17], previa normazione delle Regioni e compatibilmente con le disposizioni dei regolamenti comunali. Tale norma è stata oggetto di recentissima giurisprudenza[18] volta ad affermare la necessaria collaborazione tra enti finalizzata alla definizione di criteri oggettivi.

La competenza regolamentare è quindi storicamente e continuativamente in capo ai Comuni, seppure nel corso degli anni, dapprima mediante l'introduzione di elementi di controllo e successivamente con la riforma dell'articolo 117 della Costituzione[19], sia

---

potestà legislativa concorrente in materia edilizia nel rispetto dei principi fondamentali della legislazione statale desumibili dalle disposizioni contenute nel testo unico." Questo testo è in linea con la legge costituzionale n. 3 che riforma il Titolo V della costituzione.

16 D.L. 13 maggio 2011 n. 70, *Semestre Europeo - Prime disposizioni urgenti per l'economia.* convertito nella legge 12 luglio 2011 n. 106, *Conversione in legge, con modificazioni, del decreto-legge 13 maggio 2011, n. 70, concernente Semestre Europeo - Prime disposizioni urgenti per l'economia.*

17 D.L. 70/2013 cit. art. 5.

18 TAR Lombardia Milano, sez II, 23 gennaio 2013 n. 194, e TAR Lombardia, Brescia sez II, 7 ottobre 2013 n. 818.

19 L. cost. 18 ottobre 2001 n. 3, *Modifiche al titolo V della parte*

stato conferito alle regioni potere giurisdizionale in materia di territorio.

1.2 La trattazione del rischio idrogeologico in Italia

Per rischio idrogeologico si intende «il rischio derivante dal verificarsi di eventi meteorici estremi»[20] e interessa gli eventi franosi e gli eventi alluvionali, nonché la manifestazione congiunta di entrambi i fenomeni. Sono maggiormente interessate le aree collinari, in particolar modo quelle appenniniche.

L'interesse economico rivolto all'urbanizzazione, ha lungamente prosperato a discapito della tutela del territorio. Dalla già citata legge n. 1150 del 1942 trascorrono oltre quaranta anni prima che veda la luce la cosiddetta "Legge Galasso" [21], che estende il vincolo paesistico di cui al Regio decreto paesaggistico[22] a tutti i

---

seconda della Costituzione.

20 Definizione estratta dal testo *"Il rischio idrogeologico in Italia"* a cura dell'Istituto Superiore per la Ricerca Ambientale.

21 L. 8 agosto 1985 n. 431, *Conversione in legge, con modificazioni, del decreto-legge 27 giugno 1985, n. 312, recante disposizioni urgenti per la tutela delle zone di particolare interesse ambientale. Integrazioni dell'articolo 82 del decreto del Presidente della Repubblica 24 luglio 1977, n. 616.*

22 R.D. 29 giugno 1939 n. 1497, *Protezione delle bellezze*

territori costieri, ai corsi d'acqua già regolati da un altro Regio decreto[23], alle foreste, a zone di interesse archeologico ed altri. Codesta norma istituisce inoltre l'obbligo in capo alle Regioni di realizzare piani paesistici per la tutela del patrimonio naturale[24].

Nell'anno 1999 viene emanato il testo unico dei beni culturali e ambientali[25], che sostituisce e abroga una lunga serie di norme sul tema paesistico e monumentale, incluse la Legge Galasso per la tutela ambientale, la legge n. 1497 del 1939 e il R.D. 1 giugno 1939 n. 1089[26] per la tutela monumentale.

A distanza di poco tempo si rende necessario un'ulteriore revisione della materia, che avviene con il

---

naturali.

23 R.D. 11 dicembre 1933 n. 1175, *Testo unico delle disposizioni di legge sulle acque e impianti elettrici.*

24 L. 431/1985 cit. legge "Galasso" che doveva inaugurare una serie di politiche di riassetto del territorio nazionale. L'intento appare chiaro dall'art. 1-bis comma 1 "Con riferimento ai beni e alle aree elencati dal quinto comma dell'art. 82 del decreto del Presidente della Repubblica 24-7-1977, n. 616, come integrato dal precedente art. 1, le regioni sottopongono a specifica normativa d'uso e di valorizzazione ambientale il relativo territorio mediante la redazione di piani paesistici o di piani urbanistico-territoriali con specifica considerazione dei valori paesistici ed ambientali, da approvarsi entro il 31 dicembre 1986." Purtroppo gli interventi previsti non furono attuati, se non con colpevole ritardo dopo la strage di Sarno del 1998.

25 D. Lgs 29 ottobre 1999 n. 490, *Testo unico delle disposizioni legislative in materia di beni culturali e ambientali, a norma dell'articolo 1 della legge 8 ottobre, n. 352.*

26 R.D. 1 giugno 1939 n. 1089, *Tutela delle cose d'interesse Artistico o Storico.*

Codice dei beni culturali e del paesaggio[27] che richiama esplicitamente i fondamenti costituzionali in materia ambientale[28]. L'adozione del codice terminerà quindi il lungo lavoro di riordino delle disposizioni paesistiche nazionali ponendole in linea con quelle comunitarie.

La carenza di norme esplicite, nonché i decenni di confusione correlati, sono causa e conseguenza dell'inefficace politica di governo del territorio. La pratica dell'edificazione abusiva, diffusa su tutto il territorio nazionale, ha agevolato la speculazione e ostacolato una corretta gestione, proprio nel momento di grande crescita urbanistica che ha caratterizzato tutto il secolo scorso. Il Ministero dell'ambiente, al termine di una complessa indagine, nel 2003 scriveva «Una gran parte dell'espansione urbana e periurbana e della realizzazione delle infrastrutture urbane e territoriali, soprattutto nella seconda metà del XX secolo, è stata attuata senza porre la necessaria attenzione ai caratteri del territorio e dell'ambiente nella loro complessità e nella loro specificità.» e ancora «L'assenza di una cultura ambientale,

---

27 D. Lgs. 22 gennaio 2004 n. 42, *Codice dei beni culturali e del paesaggio.*

28 D. Lgs. 42/2004 cit. art. 1 comma 1 «In attuazione dell'articolo 9 della Costituzione, la Repubblica tutela e valorizza il patrimonio culturale in coerenza con le attribuzioni di cui all'articolo 117 della Costituzione e secondo le disposizioni del presente codice» e ancora nel comma 2 «La tutela e la valorizzazione del patrimonio culturale concorrono a preservare la memoria della comunità nazionale e del suo territorio e a promuovere lo sviluppo della cultura.»

intesa nella più vasta accezione del termine, nella gestione delle trasformazioni territoriali, si manifesta nella frequenza del verificarsi di fenomeni che minano l'integrità idrogeologica.» [29]

I dati di sintesi della relazione stilata nell'anno 2003 indicavano per il territorio nazionale una superficie a "potenziale rischio idrogeologico più alto" pari a 21.504 chilometri quadrati, pari al 7,1% della superficie nazionale. Tali aree a rischio erano comprese in 5.553 Comuni, corrispondenti al 68,8% del totale. Nel corso dell'anno 2013, il Ministero per l'Ambiente ha rilasciato una relazione con i valori di dissesto nazionale aggregati. Da tale documento si riscontra che la superficie ad "alta criticità" è pari a 29.517 chilometri quadrati, ovvero è aumentata nel corso dell'ultimo decennio di oltre il 37% giungendo a comprendere il 81,9% dei Comuni italiani.

E' quindi chiaro che la scarsa cultura ambientale lamentata dal Ministero non ha cambiato la vocazione italica all'urbanizzazione selvaggia, limitando il compito dell'Amministrazione alla produzione di documenti tecnici, piani di bacino, piani territoriali di coordinamento paesistico, tanto puntuali quanto disattesi nella pratica. L'attività di pianificazione ambientale integrata prevista dal decreto legge successivo al disastro idrogeologico di

---

29 *Pianificazione territoriale provinciale e rischio idrogeologico. Previsione e tutela,* documento di approfondimento della ricerca iniziata nel 2002 a cura del Ministero dell'Ambiente e della Tutela del Territorio.

Sarno[30] e volta all'armonizzazione degli strumenti vigenti, è ormai giunta a conclusione con l'adozione dei piani per l'assetto idrogeologico su tutto il territorio nazionale[31] e le considerazioni che se ne possono trarre non sono affatto incoraggianti.

Lo scarso rispetto del territorio, la sorveglianza urbanistica in capo ai Comuni e alle interferenze locali, la disciplina tecnica in capo alle Province, la competenza legislativa in capo alle Regioni e il coordinamento di protezione civile in capo al Governo, rendono il sistema di gestione del territorio farraginoso e scarsamente efficace con il risultato di testimoniare anno per anno, l'aumento inarrestabile delle aree a rischio e il contestuale aumento dei fenomeni di dissesto distribuiti su tutto il territorio nazionale.

---

30 D.L. 11 giugno 1998 n. 180 *Misure urgenti per la prevenzione del rischio idrogeologico ed a favore delle zone colpite da disastri franosi nella regione Campania* convertito nella legge n. 267 del 3 agosto 1998.

31 I piani per l'assetto idrogeologico (PAI) individuano e perimetrano le aree a pericolosità e/o rischio da alluvione e da frana e valanga ex art. 1 co 1 del D.L 180 del 1998 emanato nel periodo immediatamente successivo agli eventi del Comune di Sarno in Campania.

1.3   Il consumo di suolo e la recente giurisprudenza in materia

Riportando all'attualità le parole di Luigi Einaudi «La lotta conto la distruzione del suolo italiano sarà lunga e dura, forse secolare, ma è il massimo compito di oggi se si vuole salvare il suolo in cui vivono gli italiani»[32], possiamo certamente affermare che la battaglia non è conclusa, visto che l'erosione del territorio naturale, seppure rallentata, non è stata arrestata.

Il *soil sealing*[33], la cosiddetta cementificazione, è l'azione di urbanizzazione del suolo, naturale o agricolo, che ne opera la trasformazione modificandone in particolare la permeabilità idrica. La sottrazione al terreno della capacità di drenaggio delle acque meteoriche, con il conseguente incremento del rischio di dissesto, fa sì che l'azione di consumo di suolo sia strettamente correlata all'incremento del rischio idrogeologico.

Nel corso del recente passato sono stati attivati progetti di monitoraggio dei flussi di cementificazione. Il più autorevole è certamente il Corine Land Cover,[34] che

---

32   L. EINAUDI, *Della servitù della gleba in Italia*, pubblicato sul Corriere della Sera il 15 dicembre 1951.

33   S. SETTIS, *Paesaggio Costituzione cemento* Einaudi, 2012. L'autore definisce il "soil sealing" letteralmente l'azione di sigillare il terreno, come l'attività di impermeabilizzazione del suolo generalmente correlata all'urbanizzazione e alla costruzione edilizia.

34   Il Corine Land Cover, detto anche CLC, è un progetto di ricerca europeo nato nell'ambito del programma

con analisi periodiche ha determinato i dati di *soil sealing* di cui alla tabella 1.

tabella 1 – esiti dell'analisi CLC 2000-2006

tipologia terreno	anno 2000		anno 2006		raffronto	
	Km²	%	Km²	%	Km²	%
superfici artificiali	14392,1	4,8	14874,4	4,9	482,3	+0,1
superfici agricole utilizzate	157676,6	52,3	157274,4	52,2	- 402,2	-0,1
territori naturali	125403,4	42,6	125298,2	41,6	- 105,2	-1,0
zone umide	674,4	0,2	668,5	0,2	-5,9	--
corpi idrici	3139,9	1,0	3171,0	1,1	31,1	+0,1
TOTALE	301286,5	100,0	301286,5	100,0		

I dati si riferiscono ai rilievi effettuati negli anni 2000 e 2006 il cui raffronto è sintetizzato dall'indicatore percentuale dell'ultima colonna.

Dalla disamina dei dati appare evidente che l'unica tipologia superficiaria in aumento è quella artificiale, per un dato generale europeo di 482,3 Km².

Analogamente l'Istituto Superiore per la Protezione e la Ricerca Ambientale ha redatto nel 2010 un rapporto di stima sul consumo di suolo in Italia a partire

---

COoRdination of INformation on the Environment. L'obiettivo della ricerca è monitare, attraverso i dati satellitari resi disponibili dal Sistema infomativo geografico (GIS), le variazioni nelle superfici urbanizzate.

dal 1951, riassunto nella tabella 2. Il dato è riferito alla percentuale cementificata in relazione alla superficie nazionale.

tabella 2 – stima del consumo di suolo in Italia

anno	consumo di suolo %	Incremento periodo prec.	incremento progressivo
1951	2,8		
1989	5,1	+2,3	+2,3
1996	5,7	+0,6	+2,9
1998	5,9	+0,2	+3,1
2006	6,6	+0,7	+3,8
2010	6,9	+0,3	+4,1

Si può notare che, nonostante dagli anni ottanta il dato rallenti fortemente, l'erosione del territorio naturale aumenta, fino a costituire un dato progressivo del +4,1% nel periodo 1951-2010. E' altresì probabile che il rallentamento del dato più recente sia temporaneo e causato dalla stagnazione della domanda immobiliare successiva alla bolla speculativa dei primi anni duemila. In altre parole non v'è alcuna certezza che alla ripresa economica tale indicatore non possa essere soggetto ad una nuova accelerazione.

E' certo che il vantaggio economico correlato alla trasformazione del territorio naturale, piuttosto che il recupero dell'edificato, sia la motivazione che induce alla creazione di nuove aree urbane periferiche alle città e alla nascita delle cosiddette "città diffuse". L'urbanizzazione delle campagne ha quindi reso necessarie le infrastrutture urbanistiche primarie e secondarie, corrispondenti ad un ulteriore consumo di suolo, ma in questo Paese di creativi esistono perfino progetti di trivellazioni petrolifere nell'area del Chianti. Circa tale argomento rileva la Legge regionale della Regione Lombardia[35] che consente deroghe edificatorie per i fini agricoli pur non privando i Comuni della possibilità di limitare tale attribuzione. La competenza dei Comuni in relazione alla suddetta legge è stata ribadita più volte in giurisprudenza[36]. Il Consiglio di Stato si è peraltro pronunciato circa la predominanza del principio di limitazione del consumo di suolo sull'interesse edificatorio[37].

Se l'uso del suolo è attività necessaria all'insediamento umano, è altresì vero che può essere

---

35 L.R. Lombardia 7 giugno 1980 n. 93, *Norme in materia di edificazione nelle zone agricole.*

36 Corte Cost. 16 giugno 1985 n. 167, TAR Lombardia Milano, sez.II, 23 gennaio 2013 n. 194, 11 giugno 2013 n. 1502 e ancora 20 dicembre 2013 n. 2898; TAR Lombardia Brescia, sez. II, 7 ottobre 2013 n. 818.

37 Cons Stato 30 settembre 2013 n. 4848 cit. "La legge regionale 7 giugno 1980, n. 93, nel disciplinare in modo puntuale i limiti dell'utilizzazione edilizia delle zone agricole, con l'individuazione tipologica degli interventi ammessi, la loro necessaria connotazione funzionale all'esercizio delle attività agricole, l'enucleazione di restrittivi indici fondiari ed edilizi, il collegamento imprescindibile con ineludibili requisiti soggettivi [...] è ispirata ad una trasparente ratio tesa a evitare e minimizzare il c.d. consumo di suolo."

condotta in maniera razionale e consapevole. Appare inevitabile, nel prossimo futuro, la rigenerazione del patrimonio edilizio esistente, sia dal punto di vista del consumo energetico, sia da quello della sicurezza degli edifici. Tale modernizzazione dovrà certamente passare per la ricostruzione degli edifici pur non aumentando, anzi riducendo l'impronta degli stessi sul paesaggio naturale. Progetti di questo tipo sono già allo studio in tutto il mondo, non ultimo il quartiere *City Life* in realizzazione a Milano per l'Expo 2015. La realizzazione di nuove città più vicine all'ambiente, più *green*[38] come normalmente vengono definite, non prevedendo un poderoso calo demografico dovrà pertanto passare per la realizzazione di spazi verticali e il contestuale recupero di aree naturali o agricole. Nel corso del 2013 il Consiglio Nazionale degli Architetti Pianificatori Paesaggisti e Conservatori, ha proposto una lunga serie di obiettivi per dare competitività al Paese attrarre investimenti[39] attraverso

---

38 Per *green* si intende in genere uno stile di vita più sensibile verso l'ambiente e attento agli aspetti della presenza umana che hanno particolare ripercussione sull'ecologia, passando necessariamente per gli argomenti di risparmio energetico, di minore inquinamento, di reversibilità dei processi ambientali. In tale contesto gli edifici costruiti fino alla fine del Xx secolo risultano inadeguati e necessitano di riprogettazione totale.

39 L'insieme degli obiettivi è riportato nel *Piano nazionale per la rigenerazione urbana sostenibile* a cura del CNAPPC che suggerisce la valorizzazione del patrimonio edilizio esistente attraverso la riqualificazione dell'edilizia "non di qualità", degli spazi pubblici, attraverso l'istituzione di crediti edilizi per gli operatori virtuosi che realizzano interventi qualificanti, anche se tali crediti andrebbero ovviamente a

interventi di riqualificazione del tessuto urbano che ospita, nelle maggiori 100 città italiane, il 67% della popolazione nazionale e corrisponde al 80% del PIL. Sfortunatamente il piano del CNAPPC non indica come reperire le risorse necessarie, se non con un generico richiamo a «opportuni incentivi, premi volumetrici, e procedure semplificate» che appaiono sempre più la riproposizione dei tradizionali e fallibili schemi.

1.4 Consistenza e status del patrimonio immobiliare nazionale

Il patrimonio immobiliare italiano è prevalentemente destinato ad uso abitativo e in possesso di persone fisiche per l'utilizzo quale abitazione principale. Secondo i dati forniti dall'Osservatorio del Mercato Immobiliare[40], il totale degli immobili presenti sul territorio nazionale, ammonta a 65.960.346. Di questi immobili 34.435.196 corrispondono ad immobili ad uso abitativo il cui valore catastale complessivo ammonta a

---

detrimento della superficie di suolo disponibile.

40 L'Osservatorio del Mercato Immobiliare è un ufficio dell'Agenzia delle Entrate finalizzato alla determinazione dei valori commerciali degli immobili attraverso l'analisi dei dati di compravendita in relazione alle microzone catastali di riferimento. Le risultanze della ricerca vengono pubblicare periodicamente nei *Quaderni* e organizzate nella pubblicazione *Statistiche catastali* nonché nella più articolata *Gli immobili in Italia*.

17,931 miliardi di euro. Dalle valutazione dell'O.M.I., tali immobili hanno subìto un incremento di valore pari a 1,1% nel periodo 2011-2012. Se osserviamo i dati raccolti nella tabella 3, ottenuti dalla comparazione dei dati OMI per gli anni 2010 e 2012 noteremo un rilevante incremento di unità immobiliare, solo in parte dovuto alla regolarizzazione degli immobili abusivi in seguito alla campagna di censimento avviata negli scorsi anni.

tabella 3 – immobili in Italia

tipologia	31/12/2010		31/12/2012		raffronto	
	numerosità	valore MLD €	numerosità	valore MLD €	numerosità %	valore %
abitative	33.497.728	15,897	35.094.483	17,931	+4,8	+9,4
pertinenze	21.976.867	2,099	23.123.864	2,219	+5,2	+5,7
altro	4.742.875	16,451	7.741.999	16,359	+63,2	-0,6
TOTALE	60.217.470	34,448	65.960.346	36,509	+9,5	+5,9

In base all'incrocio dei dati con l'anagrafe è stato possibile stabilire che 19.684.211 unità immobiliari sono adibite ad abitazione principale e che il 78,2% delle famiglie risiede in abitazione di proprietà. Dai rilevamenti dell'Agenzia, risulta che il valore medio di un'abitazione, sull'intero territorio nazionale, è pari a 183 mila euro, con una superficie media di 114,7 metri quadrati e un valore unitario relativo pari a 1.595 euro per metro quadrato.

E' inoltre interessante notare il dato relativo ai Comuni ad alta densità abitativa derivato dall'analisi demografica dei valori. Nei Comuni con popolazione compresa tra 50.000 e 250.000 unità, la superficie ad uso abitativo copre il 3,2% dell'estensione comunale con una superficie media per abitante pari a 57 metri quadrati. Nelle 12 città italiane con più di 250.000 abitanti, è invece emerso che la superficie abitativa corrisponde al 14,6% del 53 metri quadrati pro capite.

Sempre secondo la ricerca OMI, il patrimonio abitativo è per il 90% in mano a persone fisiche per un valore complessivo pari a 4,3 volte il PIL nell'anno 2010.

Da questi dati si ottiene conferma che il consumo di suolo è enormemente maggiore nei grandi centri abitati, che le abitazioni principali corrispondono al 56% del totale delle abitazioni nazionali seppure il 78% delle famiglie vi abiti. Non vi sono purtroppo dati precisi circa l'utilizzo degli edifici non residenziali, mentre il Consiglio Nazionale Architetti stima in 90 milioni di vani[41] l'ammontare degli edifici inadeguati sul totale di 120 milioni che corrispondono al patrimonio nazionale, mentre in 30 milioni quelli compresi in edifici storici da conservare.

---

41 In numero di vani si suole determinare la consistenza degli immobili ad uso abitativo sia dal punto di vista commerciale, sia dal punto di vista fiscale/catastale. Tale indicatore, nell'attesa della riforma del Catasto, che imporrà il censimento per superficie anche per le abitazioni, è attualmente l'indicatore principale per la valutazione della consistenza dell'abitato.

Appare evidente che nei prossimi decenni sarà necessario riconvertire, se non ricostruire il 75% degli edifici esistenti e si dovrà farlo con una richiesta abitativa inesistente, con costi di gestione crescenti che supereranno la disponibilità economica degli stessi proprietari.

In un presente in cui si sta ridimensionando la presenza dello Stato, a beneficio della sussidiarietà orizzontale, è urgente individuare un sistema di finanziamento delle ricostruzioni che non attinga dall'ormai inesistente riserva pubblica.

2. ANALISI DEL CONTESTO SOCIALE

2.1 L'interesse generale, la proprietà privata e lo jus aedificandi

Il carattere sussidiario di questo *Progetto di decostruzione edilizia sostenibile* è chiaramente improntato alla tutela di un interesse generale, alla demolizione degli edifici e coincidente con la messa in sicurezza del territorio. La titolarità del diritto di proprietà[42] sul bene edificio, originariamente determinata dallo *jus aedificandi* del terreno. In questi termini è rilevante come la porzione di suolo sottostante l'edificio stesso diventi parte della costruzione, o meglio oggetto dei diritti reali inerenti la costruzione. La titolarità della concessione edilizia, oggi permesso di costruire, divenne onerosa dal settantasette[43] inducendo a ritenere che lo *jus aedificandi* non fosse più da considerarsi componente inscindibile della proprietà del bene.

---

42 Il diritto di proprietà è esclusivo sulla base dell'enunciato dell'art. 832 C.C. e seguenti, nonché dall'art. 17 della Carta dei diritti fondamentali dell'Unione Europea, che conferiscono il diritto al pieno godimento del bene.

43 Nell'enunciato del già citato art. 3 L. 10/1977 di cui al paragrafo 1.1

Vero che la Corte costituzionale stabilisce[44] che lo *jus aedificandi* continui a formare il diritto di proprietà e pertanto debba essere oggetto di valutazione economica puntuale e aggiornata nei casi di esproprio. E' altresì centrale l'influenza che la temporaneità della determinazione degli indennizzi derivanti dai vincoli urbanistici, visto il divieto di reiterazione che la stessa Consulta[45] pone sul valore degli immobili, accentuando la tutela della proprietà privata. Tale indirizzo ha quale conseguenza diretta la limitazione temporale del valore dell'indennizzo alla durata del vincolo urbanistico posto sul bene, ovvero dieci anni sempre nell'ambito dell'esproprio per pubblica utilità.

Diversa è la natura dei diritti edificatori compensativi, ovvero quelli dati a ristoro della cessione bonaria per espropriazione e che assumono un'esistenza autonoma fintanto che non vengono successivamente uniti ad un terreno. Tale "credito edificatorio" come definito da Traina[46] si pone in contrasto con la necessità di proteggere il territorio dalla scarsa disponibilità di aree atte all'edificazione.

---

44 Corte Cost. 25 gennaio 1980 n. 5.
45 Corte Cost. 20 maggio 1999 n. 179.
46 D. M. TRAINA, *Lo jus aedificandi può ritenersi ancora connaturale al diritto di proprietà?* In Riv. Giur. Edilizia, 5/2013, 257-299 «In presenza dei crediti edificatori che non solo circolano, ma addirittura nascono "dereificati" e "cartolarizzati", completamente sganciati dalla proprietà del suolo...».

E' importante anche considerare, accanto allo *jus aedificandi*, le criticità correlate agli edifici esistenti. Pur salvaguardando il diritto, sussistono vincoli urbanistici e regolamentari che obbligano il proprietario a mantenere gli edifici in generale buono stato di conservazione e con rispetto del decoro delle città e del paesaggio. Escludendo i beni oggetto di leggi speciali[47] illustrate al precedente capitolo uno, è indubbio che l'interesse pubblico possa essere in contrasto con il diritto di disporre del bene. Ciò è più chiaro quando si tratti di edifici originati da legittima concessione edilizia e regolarmente eseguiti in zone divenute nei decenni ad alto rischio idrogeologico. In questo caso il conflitto tra l'interesse pubblico e l'interesse del proprietario appare difficilmente sanabile.

La pianificazione urbanistica ha il suo *genus* proprio nella mediazione tra gli interessi particolari e l'interesse pubblico e non può quindi configurarsi in un contraddittorio, dato che non potrebbe vedere predominare alcuna posizione. Non è possibile tutelare l'interesse pubblico prevaricando l'interesse dei privati senza ricorrere, come in taluni casi si cerca di fare, alla proprietà comune e all'esproprio coatto al fine di garantire la tutela almeno dell'interesse collettivo. Assunto che la tutela della proprietà e dello *jus aedificandi* non possano essere ignorati, è necessario considerare gli interessi

---

47 Tale distinzione viene operata nello specifico dall'art. 839 del Codice Civile.

inerenti una moltitudine di soggetti privati e conferire al problema rilevanza pubblica.

Se l'affermazione di uno stile politico consumatorio, come definito da Pizzorno[48], ha prodotto una politica autoreferenziale che misura il successo con la propria adesione al sistema sociale al di fuori della politica, si impone oggi un approccio diverso e fin'ora non contemplato, il cui obiettivo non sia la politica bensì lo svincolo del diritto dal bene, la "cartolarizzazione" dello *jus aedificandi* e del titolo edilizio, così da non congelare la situazione nel rapporto tra gli interessi economici del privato, l'interesse generale di tutela del territorio e quelli delle amministrazioni locali. Dovranno altresì essere mantenuti gli introiti derivanti dagli oneri urbanistici, nonché tutti quelli correlati alle tre posizioni dominanti citate. E' pertanto necessario individuare uno strumento attuativo in grado di tutelare la proprietà privata al pari dell'interesse generale, di agevolare la trasformazione del bene edificio o del diritto a costruire, in un altro bene o diritto equivalente sotto il profilo economico.

Pur riservando all'Amministrazione pubblica la capacità di determinare quali siano le aree idonee

---

48 A. PIZZORNO, *Le radici della politica assoluta e altri saggi*, Feltrinelli 1993, in cui l'autore individua tre differenti stili di politica; quello ideologico, finalizzato alla condotta ideologica, quello civile, interessato all'ordine istituzionale e quello consumatorio che li soppianta finalizzandosi alla penetrazione totale del contesto sociale extra politico.

all'edificazione, nonché gli indici correlati, è possibile garantire un credito fondiario proporzionale al valore reale del bene, per coloro che rinuncino da subito alla proprietà sul bene edilizio o allo *jus aedificandi* di un terreno.

2.2   Dirigere o agire, superare l'approccio prescrittivo

Prendendo spunto dalle parole[49] «Qualsiasi tentativo, compiuto su larga scala, di associare il compito di dirigere a quello di 'agire' paralizza la capacità decisionale». Sulla base di questo enunciato, con il tempo divenuto punto cardine nello studio dei processi decisionali dell'amministrazione pubblica, dobbiamo quindi individuare un sistema in cui le due funzioni siano separate nettamente.

Una riforma urbanistica di questa portata non può ovviamente, come già illustrato in precedenza, fare affidamento sugli schemi attuali. La normativa vigente è legata ad una tradizione culturale ormai in discussione, le istituzioni attuali agiscono sulla scorta di parametri che non sono adeguati, la crisi non consente come in passato l'impiego a profusione; si è creato nel tempo uno scarto tra la complessificazione della società e la diminuita capacità

---

49   P. DUCKER, *The Age of Discontinuity*, Heinenmann, 1969.

del sistema politico di produrre decisioni soddisfacenti[50]. Si rende necessario pertanto un nuovo approccio, radicalmente diverso da quelli che conosciamo, capace di porre i problemi sotto una diversa luce e soprattutto versatile e adatto al cambiamento.

Alla luce di questa premessa, l'amministrazione pubblica moderna non può che essere un controllore, un direttore che secondo le parole di Jean Monnet sappia «non fare, ma far fare». Tale azione esclusivamente direzionale sarebbe in grado, secondo una teoria affermatasi negli Stati Uniti alla fine del novecento[51] di mantenere il controllo necessario sul mercato pur senza oberare l'amministrazione di compiti funzionali spesso non compatibili con le sue risorse. I sociologi statunitensi rilevano che «nel tentativo di controllare praticamente qualsiasi cosa, siamo diventati talmente ossessionati dal dettare *come* le cose dovrebbero essere fatte [...] al punto da ignorare l'esito, i *risultati*». Questo è particolarmente vero in un contesto prescrittivo come quello

---

50 F. PRINA, *Devianza e politiche di controllo. Scenari e tendenze nelle società contemporanee*, Carocci, 2003, 26.

51 D. OSBORNE e T. GAEBLER, *Dirigere e Governare*, Garzanti, 1995, 47 e inoltre nella prefazione italiana di Sabino Cassese «Dunque il problema della riforma amministrativa va affrontato cercando di conferire al mutamento amministrativo la stessa velocità propria della società e dell'economia che gli uffici pubblici servono.[...]Si tratta di un'idea che è maturata da tempo, fin da quando si è riscontrato che i poteri pubblici si sono sovraccaricati di compiti gestionali di servizi che raggiungono dimensioni eccessive.»

dell'Amministrazione pubblica italiana, dove la "ipernormazione" in determinate discipline ha avuto l'effetto secondario di paralizzare il Paese.

Nel caso specifico dell'attività edilizia, vi è poi la grande frammentazione della materia in capo ai Comuni, della determinazione dei piani paesaggistici in capo a Regioni e Province e all'impossibilità del Governo di dare un efficace indirizzo nazionale. Focalizzare tutti questi soggetti sul tema degli obiettivi, è piuttosto difficile.

Ogni territorio ha peculiarità, ogni comunità interessi locali, la densità immobiliare non è uniforme, come non è uniforme la ricettività del territorio circa gli insediamenti umani. Le aree appenniniche sono di gran lunga più soggette a dissesto, ma al contempo le grandi aree urbane non potrebbero assorbire ulteriori aumenti volumetrici. La ricostruzione di quanto demolito, dovrà quindi passare attraverso un piano di edificazione a carattere nazionale, che permetta il trasferimento dei volumi anche a grandi distanze e non solo all'interno dell'ambito comunale come avviene oggi.

L'unica soluzione plausibile nel tentativo di dare all'amministrazione il ruolo di guida è quello di mantenere inalterate le attribuzioni, magari aggregando alcuni progetti di più ampio respiro, nonché permettere ai cittadini la gestione diretta dei propri interessi e l'esercizio del diritto di proprietà. In tale maniera, la funzione attiva sarà chiaramente separata da quella dirigente e permetterà l'impegno di nuove risorse nel mercato senza gravare la collettività di quella parte di costi che possono essere sostenuti dalla società civile. In questa configurazione, lo stato "controllore" potrà dettare le norme per tutelare l'interesse collettivo, potrà altresì permettere il trasferimento di risorse per lo sviluppo di zone poco abitate e la contestuale diminuzione del carico insediativo di altre zone. Nell'ambito delle regole fissate dall'amministrazione, i privati potranno decidere di demolire gli edifici di loro proprietà, nel pieno esercizio dei diritti reali sul bene, al fine di trasformare tali diritti in un titolo di credito da scambiare in un mercato controllato da un garante appositamente costituito.

2.3   La sussidiarietà per superare la crisi della pianificazione

In questi tempi di crisi inaugurati dalla comparsa del XXI secolo sembra affermarsi la contrapposizione netta tra Stato e mercato, tra *welfare* e liberismo[52].

52 R. CAVALLO PERIN, *Il welfare state nell'Unione Europea in tempo di crisi economica e l'inesatta contrapposizione tra Stato e mercato*, Fenomenologia e Società, 1/2013, 37-52 «...l'antinomia sinora presentata tra Stato e mercato, tra welfare e liberismo, a non essere più un'esatta rappresentazione del reale, non solo nel senso generalissimo – da tempo enunciato – secondo il quale il mercato è definito

La dicotomia antitetica tra stato sociale e impresa non è più predicabile, poiché è indubbio che il mercato non possa prescindere dalla regolamentazione dello Stato di diritto e al contempo abbia bisogno delle strutture dello Stato sociale; non esiste mercato che non impieghi manodopera formata, che non utilizzi strade, che non si rapporti con istituzioni sociali.

Sulla base di tale teoria è di conforto richiamare la dottrina che alla fine del secolo scorso identificava tre cause principali nella crisi della pianificazione urbanistica[53], secondo cui una delle cause è il venir meno del positivismo, cardine tradizionale della teoria della pianificazione. In Italia tale esempio è dato dalla Legge urbanistica n. 1150 del 1942, concepita con grande cura dalla comunità scientifica di un'Italia pre-bellica, modificata più volte con interventi parziali e sommari, inadeguata oggi a tutelare e rappresentare il Paese del nascente XXI secolo.

---

ed esiste solo per lo Stato (di diritto) e le sue istituzioni lo proteggono, neppure nel senso che i beni e l'attività economica che li produce sono l'esito ultimo di conoscenze di base (istruzione, formazione professionale, ricerca di base, ecc.),di sovrastrutture e infrastrutture offerte alle imprese dallo Stato (sociale) e senza le quali il mercato non è in grado di funzionare» da "Il *welfare state* nell'Unione Europea in tempo di crisi economica e l'inesatta contrapposizione tra Stato e mercato" in Fenomenologia e Società, 1/2013, p. 38.

53 J. FRIEDMAN, *Planning in the Public Domain: From Knowledge to Action*, Princeton University Press, 1987.

La seconda causa è la stabilità ambientale necessaria per la pianificazione centrale, che nella sua complessa formulazione riesce a proporre soluzioni inadeguate alle modifiche ecologiche intervenute durante il processo di elaborazione. In ultimo, anche se certamente non di minore importanza, individua la rapida degradazione ambientale, associata al vertiginoso aumento della popolazione urbana, i cui effetti ci sono drammaticamente noti nei sempre più numerosi episodi di dissesto che coinvolgono il territorio italiano.

E' di recente apparsa in dottrina, una teoria di rivalutazione della proprietà comune[54] che tenta di superare la dicotomia Stato-mercato, ritenendo che sia d'interesse pubblico l'attribuzione in capo allo Stato della proprietà inerente i beni di interesse collettivo. Tale teoria trova attuazione nell'art. 11 comma 6 del nuovo Regolamento edilizio del Comune di Milano[55] laddove la

---

54 P. MADDALENA, *Per una teoria dei beni comuni*, Micro Mega, dicembre 2013, 91-118.
55 Regolamento Edilizio del Comune di Milano (2013) cit. art. 11 comma 6 " ...omissis... L'amministrazione Comunale – nello svolgimento della propria attività di definizione del migliore assetto urbanistico del territorio e con l'intento di perseguire l'interesse pubblico a un corretto ed armonico utilizzo delle aree e degli edifici in stato di abbandono, di non uso, di degrado e/o dismissione – qualora il proprietario non intervenga, rendendo necessario l'intervento sostitutivo, provvede, altresì ad attivare uno dei seguenti procedimenti: a) di attribuzione di tali beni ad una destinazione pubblica, di interesse pubblico o generale, assumendo gli atti e gli strumenti previsti dalla legislazione nazionale e regionale vigente; b) di recupero delle aree non residenziali dismesse, ai sensi dell'art. 97 bis della Legge

volontà pubblica si impone sulla disponibilità del privato determinando un vincolo tale da comprimere il godimento personale del bene, intimando l'utilizzo del bene o proponendo in alternativa l'esproprio e il riuso per fini collettivi. E' superfluo sottolineare che, in un momento in cui la capacità economica residua degli enti locali è pressoché inesistente, tale soluzione si prefigura soltanto come la legittimazione di espropri gratuiti per la conseguente agevolazione di nuova edificazione a vantaggio esclusivo di appaltatori privati in grado di acquisire gli immobili di proprietà pubblica, nonché di operare in convenzione.

La mutazione del contesto economico-sociale veniva peraltro precisamente anticipata all'inizio degli anni novanta[56]. Si identificava il problema nella centralizzazione delle decisioni collettive e proponeva una strategia "dei piccoli passi" che potesse spostare l'asse di accumulazione del potere dal rapporto verticale al rapporto orizzontale, che mettesse in relazione la società civile e la comunità politica secondo quel rapporto definito di sussidiarietà orizzontale. Tale attività, ispirata alle idee di Johannes Althusius[57], viene valorizzata dalla capacità di un'entità gestionale di permettere l'azione autonoma e coordinata di

---

Regionale 11,3,2005 n.12.

56 A.BALDUCCI, *Disegnare il futuro*, Il Mulino, 1991, 167.

57 Johannes Althusius, teorico del potere popolare e del diritto pubblico, fu sostenitore della teoria circa la sovranità popolare e della natura sociale del diritto. A lui si può far ricondurre il concetto moderno di sussidiarietà.

qualsiasi componente gerarchicamente sottoposto nell'ordine sociale. Su tale parametro si fonda il *welfare state* del XXI secolo nell'Unione Europea, che supera la necessità di uno stato decisionista centrale, attuando un più innovativo sistema di direzione e controllo, facendo venir meno l'esigenza di un apparato burocratico tradizionale di stampo novecentesco volto al governo diretto.

La disputa in Italia è però tutt'altro che risolta, la frammentazione del potere legislativo e la crisi economica, hanno prodotto autonomie spesso dannose e riproposto modelli regionali fortemente influenzati dalla politica locale, che rendono difficile l'adozione di riforme generali. Ciò è specialmente vero per la materia del governo del territorio che viene indicata, dalla Costituzione come materia concorrente tra Stato e Regioni[58], pur essendo la tutela dell'ambiente - di cui al comma 1 punto s) – materia esclusiva dello Stato. Come sopra ai paragrafi 1.1 e 1.2. il conflitto di competenze si è palesato nelle recenti sentenze di illegittimità costituzionale di norme regionali pronunciate dalla Corte costituzionale nel corso degli ultimi anni[59].

I conflitti creatisi negli ultimi anni appaiono difficilmente superabili se non adottando sistemi che

---

58 Costituzione, art. 117 comma 3.
59 Corte Cost. 5 maggio 2006 n. 182 verso la Regione Toscana, 17 marzo 2010 n. 101 per la Regione Friuli Venezia Giulia, 3 marzo 2011 n. 70 Regione Basilicata

pongano al centro il concetto "althusiano" di sussidiarietà in luogo del tradizionale scontro di attribuzioni e interessi.

2.4   Lo sviluppo sostenibile, alcuni strumenti attuativi

La locuzione "sviluppo sostenibile" fa la sua comparsa nel rapporto *"Our Common Future"* redatto dalla Commissione mondiale sull'ambiente e lo sviluppo[60]. Ripreso e meglio definito in occasione dell'*Earth Summit* di Rio de Janeiro del 1992 con l'espressione «il diritto allo sviluppo deve essere attuato in modo da soddisfare equamente i bisogni di sviluppo e ambientali delle generazioni presenti e future», è ormai radicato nel linguaggio comune e richiama immediatamente il concetto di benessere.

La tradizione culturale del nostro Paese è però costellata da esempi di antropocentrismo ambientale troppo spesso orientati al ritorno economico, seppure nel corso della storia recente si siano realizzati interventi insediativi che non trascurassero la sostenibilità ambientale.

---

60 La Commissione mondiale sull'ambiente e lo sviluppo, nota anche come Commissione Bruntland dal nome della coordinatrice, venne istituita dall'ONU nel 1983 e operò fino al 1987 quando rilasciò il rapporto "Our Common Future".

A partire dalla seconda metà dell'ottocento la necessità di contenere la diffusione della malaria, unita alla possibilità di recuperare le zone palustri per fini agricoli, fornì slancio alla costituzione dei consorzi di bonifica idraulica o agraria ed infine integrali, ovvero caratterizzati dalla successione delle due operazioni. Il recupero di territorio a fini utili proseguì alacremente nel corso del XX secolo, così che fu emanato il testo unico per la bonifica[61], in cui vengono altresì definite le opere di miglioramento fondiario[62]. La peculiarità di tale forma di risanamento consiste nel preponderante intervento economico dello Stato, dietro concessione delle opere di sistemazione a consorzi appositamente costituiti[63]. Nel corso del periodo repubblicano, i consorzi furono utilizzati talvolta a guisa di sussidio per le aree depresse, suscitando progressivamente il malcontento e determinando talora danni ambientali. La manutenzione dei territori bonificati restava a carico dei consorziati e nel luglio 2009 si contavano almeno 119 consorzi[64] che gestivano 200 mila chilometri di canali, per un'estensione totale di quasi 18 milioni di ettari e destinatari di oltre 528 milioni di euro l'anno da contributi obbligatori di soggetti che hanno proprietà sui

---

61 R.D. 215/1933 cit.
62 R.D. 215/1933 cit. art. 1 comma 3, «Le opere di miglioramento fondiario sono quelle che si compiono a vantaggio di uno o più fondi, indipendentemente da un piano generale di bonifica»
63 R.D. 215/1933 art. 7.
64 I consorzi di bonifica sono associati all'Anbi, Associazione nazionale bonifiche, irrigazioni e miglioramenti fondiari.

comprensori di bonifica. Il 40% della superficie agricola utilizzata in Italia è territorio di bonifica.

Il testo unico sulle bonifiche definisce nel dettaglio i consorzi di miglioramento fondiario[65] la cui forma fa riferimento a quella dei consorzi di bonifica, originariamente derivante dall'abrogato art. 12 c.c.[66]. Operando come un soggetto pubblico, in quanto ente di natura privata senza scopo di lucro, che compie un'opera di interesse generale, il consorzio di bonifica ha la possibilità di agire di concerto con l'Amministrazione al fine di gestire e organizzare il territorio con finalità migliorative e inserito nella disciplina dei servizi di interesse generale.

In ambito urbanistico sono di recente istituzione le Società di trasformazione urbanistica, altresì dette STU[67],

---

65 R.D. 215/1933 Art. 71 «Per la esecuzione, manutenzione ed esercizio di opere di miglioramento fondiario, riconosciute sussidiabili a termini dell'art. 43, possono costituirsi consorzi, con le forme indicate per i consorzi di bonifica.

66 Codice Civile art. 12 abrogato dal D.P.R. 10 febbraio 2000 n. 361 «-Persone giuridiche private- Le associazioni, le fondazioni e le altre istituzioni di carattere privato acquistano la personalità giuridica mediante il riconoscimento concesso con decreto del presidente della Repubblica. Per determinate categorie di enti che esercitano la loro attività nell'ambito della provincia, il Governo può delegare ai prefetti la facoltà di riconoscerli con loro decreto.»

67 L'istituto della STU è stato introdotto nel nostro ordinamento dall'art. 17, comma 59, della Legge 15 maggio 1997, n. 127 *Misure urgenti per lo snellimento dell'attivita' amministrativa e dei procedimenti di decisione e di controllo* (cd. Legge "Bassanini-bis"), il dettato è stato successivamente integralmente riprodotto dall'art. 120 del D. Lgs. 2000 n. 267 *Testo Unico delle leggi sull'ordinamento*

società di scopo per la trasformazione urbana riconducibili ad una forma di partenariato pubblico privato istituzionalizzato. Tali enti consistono in società di capitali a partecipazione mista pubblico-privato istituite su iniziativa di enti locali e con la potestà di acquisizione preventiva di immobili, al fine di realizzare interventi di trasformazione urbanistica anche a scopo commerciale.

Pur operando in ambito urbano, le STU hanno certamente affinità concettuale con i consorzi di bonifica, sia nella finalità pubblica, sia nella potestà giuridica di operare come ente pubblico, pur coinvolgendo capitali e operatività privati.

La natura concertativa di tali strumenti non è però sufficiente a superare l'*impasse* originata dalle dimensioni minime d'intervento, che gioco forza non possono riguardare il singolo episodio e richiedono percorsi attuativi elaborati. Le bonifiche rurali, come le STU, sono state concepite per aree dimensionalmente rilevanti, si occupano di rendere agibili ettari di terreno non coltivabile, o di recuperare quartieri urbani abbandonati. Necessitano di un grande lavoro di *fund-raising* e contemporaneamente la convergenza degli interessi di numerosi soggetti.

In un'ottica di snellimento delle procedure e degli interventi, in cui l'interesse del privato non debba

---

degli enti locali o T.U.E.L.

essere mitigato o calmierato dal controllo pubblico, è chiaro che si rende necessario un nuovo strumento, meno proceduralizzato e pertanto più agile, in cui l'intervento pubblico sia limitato alla prescrizione di interessi primari, attraverso i consueti strumenti urbanistici, e successivamente alla potestà di verificare l'aderenza degli interventi a tali prescrizioni; tutto questo senza dimenticare di garantire l'intervento nel processo di recupero di tutti i soggetti portatori di interessi.

3. IL PROGETTO DI DECOSTRUZIONE EDILIZIA

3.1   Gli aspetti teorici del progetto

La semplificazione è una procedura complessa, tanto più se non si occupa di sistemi isolati ma interessa le scienze sociali. Sulla base di questa definizione, diventa chiaramente impossibile elaborare teorie di riduzione e semplificazione attraverso ulteriori specificazioni, agendo oltretutto quale mero elemento di un sistema complesso in continua evoluzione. Alla fine del novecento si sosteneva[68] che fosse necessario uno stato più agile e le cui ridotte dimensioni lo rendessero adatto al futuro, un radicale ripensamento del rapporto tra i cittadini e la Pubblica amministrazione, un rapporto nuovo che sembra trovare oggi una direzione compatibile con le esigenze collettive.

Nell'intenzione di superare l'approccio incrementale alle decisioni che contraddistingue la politica attuale di governo del territorio che costringe i *decision maker* ad una continua frammentazione e specificazione dei problemi, un ambito chiaramente inadatto a produrre soluzioni radicali, si ritiene necessario un approccio

---

68 Michel Crozier fu un sociologo dell'organizzazione che si è occupato ampiamente delle organizzazioni burocratiche che sosteneva la necessità di uno stato «che regola ma non gestisce».

profondamente innovativo come quello di seguito illustrato. Tale sollecitazione ad una visione più generale del problema di *governance* territoriale appare già negli anni settanta, quando in dottrina si ritrovano teorie circa la realizzazione di strumenti sovracomunali che potessero coniugare interessi locali e interessi economici con la necessità di interventi di più ampio respiro.[69]

La contrapposizione degli interessi all'interno di una piattaforma di scambio non gestita, bensì sorvegliata, consentirà il raggiungimento di un equilibrio dinamico proprio della modernità con la contestuale nuova definizione di parametri normativi e procedurali funzionali alla sua attuazione. Poiché è chiaro che uno Stato di diritto debba delineare, attraverso i propri organi, il percorso entro cui le attività della collettività debbono svolgersi non potrà non prevedere funzioni di garanzia e controllo.

Data la natura di questo progetto, si ritiene però che non si possa trattare con la doverosa completezza un argomento così ampio e pertanto vengono tracciati soltanto i dettami generali del progetto. Partendo quindi dall'intento innovativo e in aderenza alla cornice teorica sono state individuati e contestualizzati gli elementi peculiari del progetto, nonché i principali attori sociali interessati.

---

69 A. CROSETTI, *Profili giuridici della riorganizzazione sovracomunale del territorio*, Giuffrè, 92-94

3.2 Agevolare la demolizione e il rinnovamento edilizio

Partendo dalla tutela della proprietà privata pur tutelando l'interesse generale, agevolando la demolizione e la successiva ricostruzione si giunge al conflitto con i sistemi di regolazione attualmente disponibili. Secondo le norme e le prassi attuali, non è peraltro possibile affrontare il problema in maniera coordinata, né con strumenti diversi dai decreti legge, che sono però vincolati alla definizione di cui all'art 77 della Costituzione che ne limita l'utilizzo «...in casi straordinari di necessità e d'urgenza» e che quindi li rende teoricamente incompatibili con un sistema di pianificazione.

Il *problem solving* attinge alle teorie accademiche di Herbert Simon, di cui è importante sottolineare un aspetto scarsamente enfatizzato, ovvero che i problemi non sono sempre ottimamente strutturati all'origine, bensì sono spesso frutto di valutazioni parziali susseguenti che ne rendono impossibile la comprensione a priori[70]. Se il problema non è pertanto definibile a priori, non resta che definire gli obiettivi e lasciare che sia il successivo processo risolutore ad individuare progressivamente le soluzioni migliori. Tale attività intellettuale che svolgiamo quotidianamente, appare ben più complessa se ricondotta

---

70 H. SIMON, *The Structure of Ill Structured Problems*, Artificial Intelligence, 1973, 181 e ss.

alla Pubblica Amministrazione, notoriamente vincolata a regole ferree, alla spersonalizzazione, al difetto di una scarsa responsabilità individuale. Un sistema di gestione a carattere nazionale, che tenga conto delle norme regionali, dei piani di assetto idrogeologico, dei regolamenti edilizi di ciascun Comune è chiaramente impossibile da realizzare. Appare pertanto necessario un sistema che possa equilibrarsi attraverso il rapporto economico diretto tra gli attori, incentivato o calmierato all'occorrenza da una *authority* che si faccia garante degli equilibri. Tale sistema di regolazione si basa sul principio per cui il libero mercato tende all'equilibrio e la doverosa regolazione viene determinata attraverso i vincoli urbanistici posti dagli enti locali, oppure dalla incentivazione economica messa in atto dalla *Authority* o dal Governo.

Il nucleo centrale del progetto è quello per cui il proprietario di un edificio può in qualsiasi momento ricorrere alla demolizione dello stesso mantenendo il diritto a ricostruire un nuovo edificio, secondo parametri prestabiliti, in una diversa fase pianificatoria, quindi senza alcun obbligo di ricostruzione immediata, spesso non utile ai fini collettivi.

La demolizione avverrà in seguito alla presentazione di Segnalazione Certificata di Inizio Attività[71] presso il Comune territorialmente competente e

---

71 Cosiddetta S.C.I.A. prevista dall'art. 19 della L. 7 agosto1990 n. 241 e s.m.i.

inerente le opere di demolizione. Le procedure attuative variano a livello territoriale, definite dalle Regioni, ma in tutte è garantita, quale materia di legislazione nazionale, la tutela degli immobili sottoposti a vincolo di cui al D. Lgs 42 del 2004 per cui dev'essere richiesto parere preventivo alla Sovrintendenza dei beni culturali. La demolizione potrà prevedere la sistemazione a verde del terreno, ma in ogni caso dovrà essere compatibile con le prescrizioni dei regolamenti edilizi a cura dei Comuni. La demolizione immobiliare produrrà quindi un titolo, riutilizzabile nella ricostruzione di nuovi edifici o diversamente monetizzabile.

Gli strumenti urbanistici territoriali prevedono generalmente aree di espansione in cui è prevista la nuova fabbricazione, spesso tale indice è subordinato al reperimento di indice derivato dalla demolizione di edifici esistenti, sovente agevolando la demolizione nello stesso comprensorio con il corrispondente recupero degli oneri. I Comuni tendono in pratica ad agevolare la ricostruzione di edifici demoliti scontando, a volte azzerando, gli oneri di urbanizzazione primaria che in alternativa verrebbero corrisposti all'ente.

L'elemento innovativo del progetto di decostruzione edilizia sostenibile è esattamente quello di trasferire l'incentivo oggi erogato a chi costruisce, verso coloro i quali provvedono alla demolizione, anticipando tale azione ed eliminando preventivamente quegli edifici il cui interesse è meramente speculativo perché in precarie condizioni di conservazione, a rischio strutturale, inadeguati sotto il profilo energetico o semplicemente non più d'interesse del proprietario.

In definitiva gli enti locali, tramite i consueti strumenti di pianificazione territoriale consistenti ad esempio nei Piani Urbanistici per i Comuni, Piani per l'Assetto Idrogeologico per le Province, determineranno quali aree consentano nuove costruzioni e insediamenti umani compatibili con il paesaggio. Il costruttore dovrà fornire, in aggiunta alla corresponsione degli oneri di urbanizzazione e la quota di costo di costruzione, attestazione d'aver acquisito i *buoni di costruzione* da soggetti che abbiano in precedenza demolito edifici esistenti mediante le consuete procedure amministrative.

3.3 La creazione del sistema di gestione

Il sistema di gestione del progetto di decostruzione edilizia sostenibile, come illustrato in generale al paragrafo precedente, è composto da alcuni elementi particolari che è possibile individuare nel dettaglio. Tali elementi sono, i) i buoni di costruzione; ii) il borsino telematico; iii) gli strumenti di controllo governativo; iv) gli strumenti di controllo locale.

L'elemento chiave del sistema è la possibilità di trasferimento del vantaggio economico da un comune ad un altro, cosa impossibile secondo le disposizioni della legge urbanistica[72]. Se la demolizione comporta una riduzione del carico urbanistico, i Comuni interessati dalla ricostruzione trovano un incentivo economico importante.

I proventi derivanti dalle concessioni[73] dovevano originariamente essere destinati alle opere di urbanizzazione primaria e secondaria nonché al risanamento di complessi edilizi nei centri storici e l'acquisizione di aree, nonché per le opere di manutenzione ordinaria del patrimonio comunale con un massimale del 30 per cento degli importi ricevuti.

Con l'entrata in vigore del T.U. dell'edilizia, D. Lgs 380 del 2001 è stata recepita la nuova definizione[74] che consente ai Comuni di mantenere le destinazioni di spesa determinate dal bilancio e non sarà necessario stravolgere l'attuale sistema di ripartizione delle spese, poiché la demolizione non comporta alcuna restituzione di oneri e la nuova costruzione, addirittura in diverso comune, non

---

72 L. 1150/1942 cit. e s.m.i.
73 Come previsto originariamente dall'art 12 della legge n. 10 del 1977.
74 Così come indicato dal D. Lgs 6 giugno 2001 n. 378 all'art. 16 commi 7 e 8 e art. 19.

determinerà alcuno sconto sugli oneri da versare per i costruendi edifici.

Seppure il sistema di gestione delle concessioni possa apparire fragile, come peraltro già evidenziato dalla riforma collegata alla c.d. Legge ponte di cui al capitolo uno, la determinazione delle aree da urbanizzare resterà pertanto in capo ai singoli Comuni esattamente come avviene oggi.

Il sistema di costruzione con i "buoni" garantisce pertanto che le nuove costruzioni autorizzate e compatibili, saranno state precedute dalla demolizione di altri edifici, eventualmente in aree della Nazione a maggiore rischio ambientale, assicurando la doppia funzione di alleggerimento e ammodernamento.

E' implicito che la demolizione dal costruito e la costruzione in aree classificate come compatibili agevolerà lo sviluppo di nuove zone del Paese e il conseguente trasferimento della popolazione verso ambiti in cui l'insediamento umano sia maggiormente sostenibile, tutto facendo semplicemente ricorso al mercato. Vediamo di seguito nel dettaglio gli elementi caratteristici del progetto.

3.3.1. I buoni di costruzione

L'equilibrio del sistema passa attraverso l'emissione di autorizzazioni o l'acquisto di *buoni di costruzione*, attribuiti ai proprietari di edifici demoliti in seguito alla comunicazione di fine lavori.

In tale circostanza, attraverso un borsino telematico, il proprietario dell'immobile acquisisce direttamente un credito equivalente ad una quantità convenzionale proporzionale alla superficie e alla destinazione dell'immobile demolito. Sarà possibile attribuire un valore unitario per metro quadrato di superficie agibile, come incentivare la demolizione di edifici abitati e collocati in aree a rischio ambientale aumentandone il coefficiente, come abbattere il coefficiente per gli edifici disabitati o urbanisticamente compatibili, o a carattere industriale. La definizione di tali coefficienti è un'operazione di carattere tecnico-gestionale che non rileva in questo contesto particolare.

3.3.2. Il borsino telematico

Consiste in un albo dei proprietari accreditati direttamente dai Comuni a seguito della conclusione dell'iter amministrativo della pratica di demolizione dell'edificio. L'accreditamento dà al proprietario, o ad un suo intermediario abilitato, il diritto d'accesso alla Borsa dei *buoni di costruzione* dove è possibile effettuare transazioni commerciali con i mandatari degli aspiranti costruttori che richiedono l'acquisto di buoni per perfezionare l'iter amministrativo dei permessi di costruire inerenti i loro progetti in itinere.

3.3.3. Gli strumenti di controllo governativi

La necessità di garantire un intervento da parte del Legislatore o del Governo, seppure in maniera residuale al mercato e al controllo degli enti locali, ha portato ad individuare fattori su cui gli organismi governativi potranno intervenire. L'intervento del Governo, o del Parlamento, potrà attuarsi variando diversi fattori senza incidere sulle politiche di governo del territorio[75], con la semplice incentivazione della demolizione e sul prezzo dei crediti.

Attraverso l'aumento dei coefficienti di rivalutazione del volume in corso di demolizione, si può ottenere una maggiore incentivazione alla demolizione che farà in conseguenza diminuire il valore dei *buoni di costruzione*, mentre una riduzione dei coefficienti determinerà un rallentamento nelle demolizioni, l'apprezzamento del valore dei certificati e il conseguente aumento del costo di costruzione.

---

75 Materia di legislazione competente delle regioni ex art. 117 Cost.

3.3.4. Gli strumenti di controllo locali

E' già stato ampiamente detto del controllo diretto sulla pianificazione territoriale. Per questo motivo gli enti locali non possono avere controllo sul mercato dei titoli o sulla cartolarizzazione degli edifici. Una volta definita la compatibilità ambientale degli interventi di demolizione e di nuova costruzione l'unico ulteriore sistema di incentivazione indiretto è quello fiscale. Attraverso la modulazione dell'Imposta unica comunale e delle sue componenti, ovvero TaSI, TaRI e IMU, i Comuni avranno la possibilità di incentivare marginalmente la demolizione di determinate categorie di immobili per stimolare la riconversione del territorio.

3.4   Il punto di vista degli attori

Il sistema di gestione del progetto di decostruzione edilizia sostenibile è ovviamente basato sulla coazione di più attori indipendenti tra loro. Partendo dalle parole di Luigi Bobbio «La sopravvalutazione della potenza delle leggi tende a generare pericolosi effetti di strabismo»[76] si è pensato che un sistema "iper-prescrittivo" potesse ingenerare gli usuali problemi di attuazione e si è

---

76   L. BOBBIO, *La democrazia non abita a Gordio,* Franco Angeli, *1994,* 72

preferito dirigere l'attenzione verso la creazione di un sistema aperto in cui attori con diversi interessi si muovessero in un ambito controllato.

Partendo dai dati forniti dal CNAPP, in cui si rileva che circa il 75% degli immobili presenti sul territorio nazionale necessita di ammodernamento e pur condividendo quanto espresso dallo stesso Consiglio nazionale degli architetti circa la necessità di non lasciare «che tanti micro interventi risolvano ognuno il piccolo singolo problema»[77], non si ritiene che l'imposizione di una nuova tasse volta a finanziare la ricostruzione sia la soluzione adeguata all'attuale problema.

La creazione di una semplice imposta "pigouviana"[78] sulle costruzioni avrebbe l'effetto di aumentare i costi e disincentivare le nuove costruzioni, che invece si dimostrano il vero motore di questo progetto. Per raggiungere lo scopo di ammodernamento e qualificazione non è pertanto vantaggioso aumentare i costi oltremisura, bensì ricercare un incentivo. Parallelamente la scarsa qualità del costruito, spesso in violazione a norme

---

77 CNAPP, *Piano nazionale per la rigenerazione urbana sostenibile* § La rigenerazione delle aree urbane, un progetto per il paese".

78 Originariamente concepita dall'economista britannico A.C. Pigou negli anni trenta, consiste nel disincentivare attività economiche che provocano esternalità negative attraverso l'imposizione di una tassa su ciascuna unità di prodotto che corrisponda in termini economici al danno marginale che tale singolo prodotto determina alla collettività e calcolato sulla base del volume efficiente di prodotto.

ambientali e la necessità di arrestare il consumo di suolo, richiedono l'incentivazione della sostituzione edilizia e a tal fine i proprietari devono essere sussidiati. Non è possibile fornire loro un contributo fiscale, non sarebbe sostenibile da un punto di vista economico, poiché l'attuazione di un progetto di questa portata richiederebbe ingenti somme. Per la sola messa in sicurezza del territorio si stimano circa 40-50 miliardi di euro di investimento[79] di già difficile reperimento, mentre un progetto di ricostruzione del Paese richiederebbe importi decine di volte superiori soltanto nell'acquisizione dei beni e nella realizzazione di nuovi edifici per la cittadinanza, nonché tempi tecnici pluridecennali per l'esecuzione.

Al contempo una semplice detrazione fiscale, assimilabile a quella in vigore per la ristrutturazione edilizia[80] non sarebbe proponibile finendo per azzerare il gettito fiscale del comparto edilizia data l'importanza delle somme di cui si tratta. L'attuale incentivazione alla ristrutturazione della casa di proprietà, è inoltre diventata l'unico sostegno significativo all'edilizia residenziale, sempre meno efficace con il passare del tempo e non

---

79 Stime fornite da studi effettuati dalle Regioni per un costo di 40 miliardi, mentre l'ISPRA stima il costo in 48 miliardi circa, dati del gennaio 2014.

80 Disciplinata dall'art. 16-bis del DPR 917 del 1986 e resa permanente dal D.L. 201 del 2011 prorogata fino al 31 dicembre 2014 dalla legge 143 del 2013 consiste in una detrazione d'imposta sul reddito personale attualmente pari al 50% delle spese sostenute per la riqualificazione dell'abitazione.

risolve i problemi ben più complessi circa la condizione delle aree urbane. Ristrutturare un appartamento inserito in un contesto di degrado non è sufficiente al miglioramento delle condizioni di vita della popolazione.

Come già illustrato nelle pagine precedenti, per ristrutturare buona parte delle città senza incentivare il consumo di suolo è inevitabile la creazione di un mercato tra privati e questo progetto, che prevede la creazione dei "buoni di costruzione", ne è quindi il *trait d'union* dei vari punti di vista di seguito definiti in dettaglio.

3.4.1 I proprietari

Il proprietario è spesso residente nella casa di proprietà e sarebbe utile incentivarne la mobilità al fine di ricostruirne l'abitazione. Per ciò che concerne le case rurali o semi-rurali di carattere tradizionale, escludendo ovviamente quelle sottoposte a vincolo, l'aumento dell'imposizione fiscale può determinare un rinnovato interesse alla demolizione di quelle abitazioni vetuste e bisognose di interventi che spesso vengono mantenute fatiscenti.

In ultimo è importante considerare che l'acquisizione di un titolo di credito in luogo della proprietà immobiliare sempre più svalutata, potrebbe dimostrarsi un'importante risorsa economica per i membri dei ceti meno abbienti sovente impossibilitati a far fronte ai costi.

L'attuazione del borsino telematico sarà peraltro un calmiere dei prezzi, fornendo un prezzo di riserva per gli immobili non appetibili sul contratto mercato immobiliare e destinati alla fatiscenza. Il proprietario di grandi edifici industriali in disuso sarà incentivato alla demolizione e lo smaltimento di quanto oggi viene conservato per mero interesse economico. Ogni città è costellata di edifici una volta adibiti ad industria che hanno cessato la loro funzione durante il corso del secolo passato. L'ammodernamento vertiginoso dei sistemi produttivi ha celermente reso inservibili molti edifici. Una parte di questi è stata riconvertita efficacemente a scopi museali, commerciali e talvolta residenziali, ma per un'altra cospicua parte il recupero non è ancora stato possibile. Di certo gioverebbe al proprietario l'eliminazione del bene, quanto alla collettività la sistemazione dell'area, e l'acquisizione di un credito da immettere sul mercato.

3.4.2 I costruttori

In un'ottica di azzeramento del consumo di suolo il costruttore edile sarà vincolato al reperimento di edifici compatibili per la successiva demolizione e ricostruzione in ambito locale.

La creazione di un mercato delle superfici svincolerebbe il costruttore dall'acquisto di ruderi e lo focalizzerebbe esclusivamente sulla propria attività primaria. Concentrare gli investimenti delle imprese edili sulla costruzione degli edifici renderà peraltro più efficace la loro attività eliminando costi derivati e spese non perfettamente coerenti con l'attività primaria.

L'interesse economico del costruttore resta apparentemente compresso da quello pubblico, ma non bisogna ignorare l'aspetto connesso alla riqualificazione del costruito che determinerà certamente un aumento dei prezzi di vendita dei nuovi immobili.

3.4.3 Gli intermediari

La creazione di un nuovo sistema di trading determinerà la nascita di nuove figure professionali specializzate. Nello specifico si individueranno degli intermediari di mercato, coloro che svolgeranno la vera e propria intermediazione finanziaria, nonché nuove figure che opereranno sul mercato immobiliare per il reperimento degli immobili oggetto di demolizione.

L'esatta natura delle nuove figure non è prevedibile, ma è chiaro che sarà utile monitorare il settore per individuare progressivamente le criticità professionali prima che determinino problemi settoriali e tensioni con altre figure professionali preesistenti e potenzialmente concorrenti.

3.4.4 Gli enti pubblici

Nonostante la diversa natura degli Enti, l'interesse collettivo li accomuna. La nascita di una *Authority* di controllo dovrà dare indicazione al Governo e in generale agli enti preposti al controllo del mercato dei "buoni di costruzione" affinché vengano incentivate le demolizioni con sussidi fiscali o la ricostruzione mediante l'emissione di certificati. Assolto questo compito, è chiaro che l'interesse collettivo verrà garantito dagli altri sistemi di governo del territorio[81] già esistenti.

Non si ritiene che sia possibile in questo contesto, trattare con sufficiente perizia gli interessi pubblici presenti e ci si è quindi limitati ad una semplice introduzione degli stessi, il cui approfondimento sarà oggetto di più approfondite ricerche o della progettazione dei processi.

---

81 La definizione di «governo del territorio» trae origine dalla riforma del titolo V della Costituzione operata dalla legge costituzionale 18 ottobre 2001 n. 3, cit., superando la definizione urbanistica originale di cui alla L. 1150 del 1942.

3.5 Casi di studio

Per una migliore descrizione del progetto, si è ritenuto opportuno effettuare appendici di studio su casi reali che trovano posto in questo paragrafo.

3.5.1. La caserma Gavoglio di Genova

Il complesso immobiliare è posto nel quartiere genovese del Lagaccio, nell'area retrostante il porto di Genova. La presenza militare nell'area risale al 1652 quando la Repubblica di Genova la destinò a polverificio. L'attività è continuata fino alla metà del novecento quando l'interesse strategico-militare venne meno. Fu allora gradualmente inglobata nell'attività di "rapallizzazione"[82] dell'area urbana circostante. Il degrado dell'area fu aggravato dalla scarsa qualità del costruito e dalle caratteristiche dei versanti che convergono ripidamente nella valle, determinando la difficile accessibilità degli edifici nonché maggiori costi di manutenzione. L'area della Caserma Gavoglio è stata, nel marzo 2013, oggetto di una frana che ha privato di accesso carrabile per oltre un anno alcuni caseggiati limitrofi.

---

82 Il termine "rapallizzazione" viene usato in urbanistica per individuare quelle zone in cui, come emblematicamente fu per Rapallo, una sregolata attività edilizia ha determinato la congestione edilizia del territorio.

La presenza di numerosi edifici completamente abbandonati in pieno centro urbano rende caratteristica quest'area, singolare anche per non rappresentare un pericolo per gli abitanti del quartiere grazie al presidio militare ancora presente che ne garantisce l'inviolabilità da parte di eventuali occupanti abusivi.

Il complesso immobiliare versa in queste condizioni dal 1945 e consiste in circa 68.000 metri quadrati di edificato. Il Comune di Genova ha recentemente aperto un dibattito pubblico sul recupero dell'area, che ovviamente vede in conflitto gli interessi degli abitanti del quartiere, che richiedono principalmente parcheggi e verde pubblico, quelli degli investitori intenzionati a massimizzare i volumi e quindi il profitto, quelli dell'amministrazione pubblica, che non ha risorse neppure per mantenere edifici sui cui tetti crescono ormai alberi d'alto fusto come le acacie che si vedono in foto.

In un possibile scenario d'intervento l'ente proprietario dell'area, attualmente il Demanio, potrebbe cedere immediatamente a privati la proprietà dietro un prezzo corrispondente ad un valore determinato da più quote. Tali componenti sono i volumi su essa incidenti, decurtati dei costi di demolizione e sistemazione a verde, rapportati al valore dello *jus aedificandi* determinato dal valore degli edifici che il Comune considererà compatibili con l'area, pur senza tenere conto in fase prescrittiva del costruito.

In pratica il costruttore potrà acquisire l'area purché provveda all'immediata eliminazione degli edifici fatiscenti (purché non vincolati da norme paesistiche e monumentali)[83]; potrà costruire quanto compatibile con il contesto urbano secondo le normali procedure amministrative e manterrà un titolo di credito per la restante superficie edilizia non utilizzata.

Tale superficie sarà calcolata mediante idonei coefficienti di ragguaglio in merito i) alla destinazione d'uso, privilegiando le abitazioni; ii) all'utilizzo del bene al momento della demolizione; iii) alla collocazione del bene dal punto di vista idrogeologico, privilegiando l'eliminazione di beni a rischio; iv) alla collocazione dell'edificio dal punto di vista paesistico, per incentivare l'eliminazione di beni che seppure legittimati, spesso da condono edilizio, deturpano il paesaggio.

---

83 A tal fine si rimanda alla tesi di laurea e al testo del D. Lgs 22 gennaio 2004 n. 42, Codice dei beni culturali e del paesaggio

3.5.2. Il Michigan e le politiche di riqualificazione urbanistica negli Stati Uniti d'America

Lo Stato del Michigan è posto al confine nord degli Stati Uniti d'America, nell'area dei Grandi Laghi, e incentra la propria economia su quella della città di Detroit che ne è capitale. La città di Detroit nasce nel Settecento, durante la colonizzazione francese, come stazione commerciale. La vittoria britannica nella guerra dei sette anni cancellò la presenza francese dal Nord America e avviò quel processo separatista che nel 1776 vide la nascita degli Stati Uniti d'America. Lo stato del Michigan, e con esso la nascente città di Detroit, divenne autonomo nel 1805 e nel gennaio del 1837 entrò, come ventiseiesimo stato, a far parte dell'Unione.

Nel 1840 la popolazione della città di Detroit non raggiungeva i diecimila abitanti, seppure la progressione demografica fu costante per tutto il XIX secolo. La fortuna della città è legata al nome di Henry Ford, al suo modello T e alla produzione in serie. Grazie alle idee rivoluzionarie di Ford, ma soprattutto a quelle dell'ingegnere Frederick Taylor, la rivoluzione industriale di fine Ottocento divenne per la capitale del Michigan un fattore di crescita esponenziale.

Nel 1910 la popolazione cittadina era di 465,776 abitanti, nel 1920 era già raddoppiata e nel decennio successivo superava quota 1.500.000, per raggiungere l'apice nel momento di massimo splendore dell'industria automobilistica americana. Nel 1950 a Detroit vivevano 1.849.568 persone, gran parte impiegate nell'indotto dell'industria automobilistica e nei servizi.

La città ha iniziato a segnare un calo demografico a partire dagli anni cinquanta[84], dopo trent'anni di crescita vertiginosa ha iniziato un lento ed inesorabile declino. Detroit ha infine perso il 62% della popolazione raggiungendo i 713.777 abitanti nel 2010. Il calo demografico ed economico è incrementato particolarmente nel periodo tra il 2000 e il 2010 con una perdita del 25% della popolazione, che ha infine accompagnato la città al default del luglio 2013.

grafico 1 - prezzi delle case in USD, fonte Stnadard and Poors

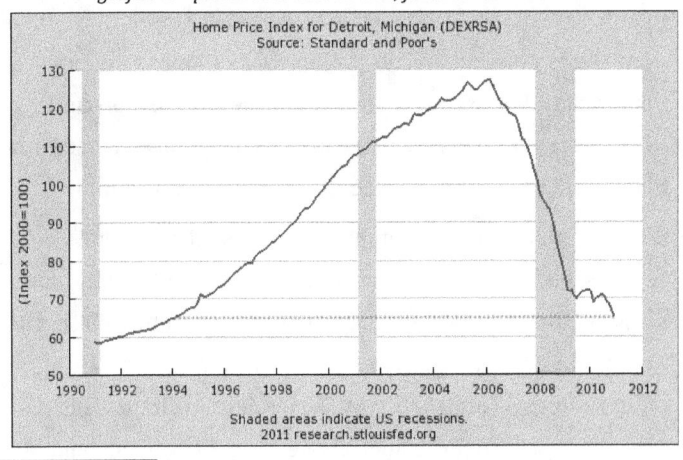

84 STATE OF MICHIGAN, *Detroit Fact Sheet* estratto dal sito internet governativo www.michigan.gov/detroitcantwait

Nel corso dell'ultimo decennio il valore immobiliare nella Detroit Area è sceso verticalmente fino a cancellare il guadagno determinato dalla bolla speculativa iniziata alla fine del secolo scorso (grafico 1).

Oggi Detroit conta 78.000 edifici abbandonati, oltre 100.000 l'intero stato del Michigan. A partire dal 2013 sotto la guida del sindaco David Bing, è stato avviato un processo di deurbanizzazione con la collaborazione dei privati, fondi e imprese della zona, che hanno costituito la Blight Authority, un'organizzazione *no-profit*[85] il cui precipuo scopo è acquisire le aree abbandonate, ripulirle e demolirne gli edifici ormai fatiscenti.

Nel corso degli ultimi anni la Blight Authority ha demolito oltre cinquecento edifici in varie municipalità come Detroit e Pontiac.

Il progetto statunitense nasce in un momento di particolare disagio sociale ed è finalizzato alla risoluzione di un problema presente, mentre il governo locale si occupa di pianificare il riassetto del territorio, che nel caso precipuo di Detroit sembra esser la riduzione della superficie abitata e la realizzazione di fattorie nelle aree periferiche riqualificate.

E' importante sottolineare la vocazione liberale della società americana e l'enorme peso dell'imprenditoria privata nel tessuto sociale e nella collaborazione con gli enti pubblici. Nel panorama nazionale italiano, decisamente più vasto del Michigan e storicamente vocato alla gestione e controllo diretto della cosa comune, appare difficile immaginare che cordate di imprenditori

---

85 www.theblightauthority.com

e fondi privati possano farsi carico dei costi di bonifica delle aree urbane. Le nostre città sono costellate di esempi di questo genere, aree industriali abbandonate che normalmente possono essere recuperate soltanto con interventi a forte caratterizzazione pubblica.

Si ritiene quindi che in Italia, un progetto come quello americano, sarebbe destinato a fallire se non incentivato attraverso benefici economici di mercato, che nel caso specifico di questo Progetto di decostruzione edilizia sostenibile si concretano nei "buoni di costruzione".

4. RIFLESSIONI E PROSPETTI FUTURI

4.1 Produrre benessere tramite esternalità positive

Per esternalità intendiamo ciò che l'economia del benessere identifica nell'attività con cui un soggetto economico influisce sul benessere di un altro direttamente, ovvero senza intervenire con variazioni del mercato. Tale definizione trae origine da rilevanti studi[86] che condussero a coniare la definizione di *externality* a cui oggi facciamo riferimento[87].

Nello specifico di questo progetto di decostruzione edilizia, produrre esternalità corrisponde a determinare un beneficio diffuso che coincida con l'azione dei soggetti interessati. Considerati i vantaggi che il sistema di gestione garantisce agli attori, resta da determinare quali benefici diffusi, ovvero esternalità, si vengano a creare.

Se l'ammodernamento degli edifici è un beneficio personale, a vantaggio dei detentori o di chi abbia diritti sul bene, è altresì vero che questi non corrispondono

---

86 T. SCITOVOSKY *Two Concepts of External Economies,* Journal of Political Economy" vol. LXII, 1954, 143 «...definitions of external economies are few and unsatisfactory.» ".

87 J. BUCHANAN e W.C. STUBBLEBINE, *Externality*, Economics, 1962, 477-488.

esattamente ai proprietari se non nella percentuale del 78% individuata dall'analisi dell'Agenzia delle Entrate di cui al paragrafo 1.3 di cui sopra.

Ciò che però corrisponde ad un vero e proprio vantaggio non direttamente economico dei terzi è la riqualificazione urbanistica determinata dalla demolizione di vecchi edifici e la conversione a verde di aree precedentemente occupate da edifici inutilizzati, la diminuzione del rischio idrogeologico con l'eliminazione degli edifici incompatibili secondo i P.A.I.[88]

Il valore economico di queste esternalità non è predeterminabile, in quanto non correlate ad una variazione d'imposta, né ad un mercato, né correlate direttamente ad un intervento pubblico. E' altresì importante rilevare l'aumento di benessere, valutabile di certo in termini sociali, ma ancor prima in termini giuridici per l'aderenza alla Carta dei diritti fondamentali dell'Unione Europea, in particolare negli articoli 34, 37 e 38 che riguardano rispettivamente la sicurezza sociale[89], la

---

88 I P.A.I. sono i Piani per l'assetto idrogeologico di cui al D.L. 180/98 e s.m.i

89 Si riporta integralmente il testo dell'art. 24 della Carta dei diritti fondamentali dell'Unione Europea 2000/C 364/01 comma 1 «L'Unione riconosce e rispetta il diritto di accesso alle prestazioni di sicurezza sociale e ai servizi sociali che assicurano protezione in casi quali la maternità, la malattia, gli infortuni sul lavoro, la dipendenza o la vecchiaia, oltre che in caso di perdita del posto di lavoro, secondo le modalità stabilite dal diritto comunitario e le legislazioni e prassi nazionali.» e comma 2 «Ogni individuo che risieda o si sposti legalmente all'interno dell'Unione ha diritto alle

tutela ambientale e la tutela dei consumatori[90], da intendersi in questo caso quali cittadini fruitori di servizi di interesse generali per scopi non professionali.

La valorizzazione dei principi fondamentali trae vigore dalla precisa sintesi delle parole «i principî come valori 'supremi' dell'intero ordinamento giuridico»[91] che incitano a superare le barriere formali al fine di dare vita a nuovi strumenti utili e funzionali al benessere e alla perequazione sociale.

4.2   Un sussidio alla pianificazione e alla perequazione sociale

L'attività   di   pianificazione   urbanistica   è considerata in maniera unanime un'attività di carattere discrezionale, che conduce ad atti amministrativi a contenuto   politico.   Nella   pianificazione   urbanistica l'amministrazione comunale gode dei più ampi poteri di discrezionalità seppure regolati da vincoli interni, dati

prestazioni di sicurezza sociale e ai benefici sociali conformemente al diritto comunitario e alle legislazioni e prassi nazionali.»
90 Art. 38 della Carta dei diritti fondamentali dell'Unione Europea 2000/C 364/01 "Nelle politiche dell'Unione è garantito un livello elevato di protezione dei consumatori".
91 R. CAVALLO PERIN, *I principî come disciplina giuridica del servizio pubblico tra ordinamento interno ed ordinamento europeo*, in Diritto Amministrativo, Giuffré, 2000, 44

principalmente dal contenuto tecnico degli atti di pianificazione, e da vincoli esterni determinati dalle direttive contenute nei piani territoriali di coordinamento[92]. Tale discrezionalità, seppure sottragga le scelte dell'amministrazione al sindacato di legittimità del giudice amministrativo, non può scadere nell'arbitrarietà[93] e pertanto violare i principi di ragionevolezza e logicità riconducibili all'articolo 97 della Costituzione.

Il progetto di decostruzione edilizia sostenibile si inserisce nel processo di governo del territorio in posizione subordinata ad altri elementi in esso incorporati come la pianificazione urbanistica[94], per quanto indipendente dal punto di vista esecutivo, a quella degli strumenti urbanistici tradizionali, fornendo un ausilio rilevante allo svolgimento della funzione prescrittiva legata alla redazione dei piani urbanistici. Al venir meno della necessità di perequare gli interessi dei privati, ovvero nel non dover necessariamente consentire la tutela immediata degli interessi dei proprietari costretti alla demolizione, l'amministrazione locale potrà agevolmente individuare

---

92 P. LOMBARDI, *Il governo del territorio tra politica e amministrazione,* Giuffré, 2012, 140
93 Cons. Stato, sez. IV, 21 agosto 2006 n. 4843 «pure ad ammettere che l'amministrazione comunale sia dotata in materia urbanistica della più ampia discrezionalità al fine del più corretto ed armonico uso del territorio, tale discrezionalità per un verso non può scadere in arbitrarietà...»
94 P. LOMBARDI, *Il governo del territorio tra politica e amministrazione,* Giuffré, 2012, 190-191

nei propri strumenti di pianificazione, zone in cui vietare qualsiasi tipo di conversione del costruito, in corrispondenza ad esempio dell'alveo dei fiumi, senza rischio di violare alcun diritto fondiario del proprietario e senza la necessità di giungere all'esproprio se non nei casi di reale imminenza del pericolo.

L'iter amministrativo non subirà tuttavia alcuna variazione, poiché il progetto di decostruzione sarà un sistema esterno, sovracomunale, organizzato sulla base della richiesta nazionale di indici da riutilizzare. Tale richiesta dipenderà certamente dalle disposizioni dei comuni, ma consentirà di recidere il cordone ombelicale che oggi lega il recupero delle aree al massimo sfruttamento delle potenzialità dell'area.

In futuro la ristrutturazione o il recupero di aree dismesse, non sarebbero più legate ad una estenuante contrattazione locale, bensì alla realizzazione degli interventi ottimali per l'interesse particolare dell'area, anche nei casi in cui sia necessaria prevedere una diminuzione dei volumi, certi che l'eccedenza avrà un mercato di scambio di respiro nazionale. Per ciò che invece concerne le nuove costruzioni, o gli incrementi di superfici agibili, il recupero di certificati attraverso la Borsa dei *buoni di costruzione* illustrati in precedenza, garantirebbe la conservazione del territorio attraverso l'azzeramento del consumo di suolo.

In definitiva, avviando un sistema di *"smart grid*[95] urbanistica"* pur salvaguardando l'attuale impianto normativo, la discrezionalità dell'amministrazione locale e la potestà regionale sulla gestione del territorio, sarà possibile avviare un processo di riurbanizzazione nazionale ad ampio raggio e in conformità alle necessità più attuali.

La possibilità di demolire senza realizzare interventi di trasformazione urbanistica garantirà inoltre l'accesso al sistema anche a quei soggetti, anche non professionali, che dispongono di proprietà immobiliari non più utili e il cui costo di conservazione supera talvolta il valore venale del bene stesso. Il piccolo proprietario immobiliare potrà, nei modi previsti dall'ordinamento, dare corso alla demolizione del proprio edificio, lo smaltimento dei rifiuti, la sistemazione dell'area e la conservazione del titolo edilizio virtualizzato. E' facile intuire che, oltre al beneficio collettivo, l'eliminazione dei costi di gestione e la possibilità di capitalizzazione derivate dalla vendita dei titoli, prospettano benefici diffusi di perequazione sociale nonché la facoltà, attraverso sussidi o

---

95 Per *"smart grid"* si intende comunemente una particolare rete energetica intelligente basata sulla distribuzione di energia elettrica tramite la messa in comunicazione di più produttori di piccole dimensioni e quindi maggiormente sostenibili. In questo caso il termine viene usato per definire un sistema diffuso di interessi diversi, messi in comunicazione tramite il borsino dei "buoni di costruzione".

incentivi fiscali, di agevolare determinate categorie di proprietari alla demolizione.

4.3 Dinamiche qualificanti per la ripresa del mercato immobiliare

La gestione del territorio di cui diffusamente si è trattato, non può ignorare la crisi del mercato immobiliare. La particolare congiuntura economica che ha fatto seguito alla crisi bancaria mondiale del recente passato, ha travolto questo comparto industriale non meno del settore finanziario. Il risultato disastroso emerge nell'analisi dell'ANCE[96] che valuta in una perdita per il settore delle costruzioni, per il periodo compreso tra il 2008 e il 2014 pari al 31,7% degli investimenti, con una cuspide nel settore residenziale che arriva al 58,1%. La ridotta capacità di investimento dell'Amministrazione pubblica viene indicata dalla stessa ANCE quale causa di aggravio della crisi settoriale e invita ad investire nuove risorse tramite i fondi della Cassa Depositi e Prestiti per finanziare i mutui al fine di incentivare l'indebitamento privato per la realizzazione di nuovi alloggi, in linea con le richieste

---

96 Documento di sintesi dell'Osservatorio congiunturale sull'industria delle costruzioni redatto dall'Associazione Nazionale Costruttori Edili nel dicembre 2013, 10.

dell'Ordine degli Architetti[97] che domandano investimenti e incentivazioni alla realizzazione di edifici di qualità.

Appare evidente che costruire nuovi edifici di alta qualità, sia dal punto di vista estetico-funzionale, sia dal punto di vista energetico-strutturale, può considerarsi la soluzione ottimale, ma che si colloca in acceso conflitto con la tutela del territorio e la riduzione del consumo di suolo.

La scarsa disponibilità di fondi pubblici obbliga ormai il ricorso costante alle riserve della Cassa Depositi e Prestiti per ogni intervento strutturale. E' pertanto inutile immaginare che le dinamiche qualificanti non possano che essere finanziate da interventi privati, senza peraltro comportare minori introiti per i Comuni.

Poiché l'obbligo di copertura ha la funzione di condizionare il processo decisionale che sfocia nelle singole leggi, alla discrezionalità del legislatore viene imposto il necessario contemperamento tra l'interesse pubblico e l'interesse all'equilibrio delle finanze pubbliche[98]. Il ricorso ad un sistema sussidiario che privilegia l'iniziativa autonoma dei privati, organizzato

---

97 In "Il piano nazionale per la rigenerazione urbana sostenibile" del Consiglio Nazionale degli Architetti Pianificatori Paesaggisti e Urbanisti, 2013, 5.

98 P. LOMBARDI *Il Governo del territorio tra politica e amministrazione,* cit, pagina 19; nonché la sentenza della Corte Costituzionale 16 giugno 1993 n. 283 circa la necessità di copertura finanziaria delle disposizioni legislative sia a livello nazionale, sia a livello regionale.

come il progetto in forma di mercato controllato da un garante, potrà pertanto diminuire in parte il valore teorico dei volumi esistenti, pur conferendo loro un valore patrimoniale derivato dalle transazioni che verranno a realizzarsi nel contesto della Borsa dei *buoni di costruzione*.

La ripresa del mercato immobiliare e del comparto dell'edilizia che ne sta alla base, saranno alimentati dalla demolizione, dal libero mercato, dalla costruzione di nuovi edifici in linea con le direttive di gestione del territorio fornite dagli enti locali e sotto il controllo della *authority*, nonché dalla possibilità di incentivazione da parte del Governo.

4.4 Conclusioni sulla sostenibilità dell'innovazione

Il progetto di decostruzione edilizia alla luce di quanto espresso, può considerarsi sostenibile sotto ogni punto di vista. Volendone individuare la caratteristica primaria possiamo certamente ritrovarla nell'utilità sociale della demolizione, nonché nella correlata attività di messa in sicurezza del territorio nazionale. Non è altresì da sottovalutare l'azzeramento del consumo di suolo ottenuto in maniera da non costringere gli urbanisti ad elaborare complessi progetti di compensazione dei volumi o addirittura ricorrere a premialità per incentivare la demolizione di quanto non idoneo dal punto di vista tecnologico.

La realizzazione di un mercato controllato è inoltre un incentivo all'intervento diretto della comunità, una discesa in campo dei cittadini in tutela ed esercizio del proprio interesse, nel cedere o acquisire i diritti reali sulle costruzioni, a quelle che vengono ritenute le migliori condizioni di mercato, eliminando categoricamente ogni variabile legata alla conservazione del bene.

La creazione di nuove figure professionali, specializzate nella gestione del mercato dei *buoni di costruzione* è un elemento innovativo nel panorama nazionale ed europeo, che può dare nuove prospettive ad alcune categorie professionali quali gli architetti, i geometri, i periti edili per cui la crisi si è dimostrata un campo di battaglia fin troppo selettivo.

La minimizzazione dell'impatto economico dell'innovazione che il sistema apporta è peraltro incontrovertibile. Non vi è alcun ricorso alla finanza pubblica se non nella creazione dell'ufficio di *authority* e delle infrastrutture informatiche necessarie alla gestione del mercato dei buoni. Il pressoché completo autofinanziamento del progetto è pertanto il fulcro su cui ruota la sostenibilità stessa dell'idea, in grado di abbracciare numerosi e diversi ambiti della società, portando ad incentivare l'attività professionale relata ai beni immobiliari in numerosi settori dell'economia.

In ultima analisi il Progetto di decostruzione edilizia sostenibile appare innovativo data l'originalità dell'idea su cui si fonda, conforme alle teorie emergenti per la tutela ambientale, nonché perfettamente compatibile con le multiformi e variegate realtà locali che caratterizzano l'unità nazionale.

Appare chiaro che in un'ottica di collaborazione virtuosa da parte di tutti gli attori impegnati nella definizione delle politiche pubbliche un progetto di tale portata, che agevola un equilibrio dinamico, potrebbe divenire un grande aiuto al fine di instaurare rapporti più flessibili e pertanto più adatti ad un sistema ecologico in continuo cambiamento come quello contemporaneo.

RINGRAZIAMENTI

Il materiale presente in questo libro è in massima parte estratto dalla mia tesi di laurea in Scienze dell'Amministrazione. Desidero quindi ringraziare il Prof. Roberto Cavallo Perin per aver accettato con entusiasmo questo progetto e la Dott.ssa Maura Mattalia per il prezioso contributo critico e l'assistenza continua al mio lavoro.

Ringrazio inoltre Mirco Mion, presidente dell'Associazione Geometri Fiscalisti e il suo staff.

Ringrazio infine tutti quelli che hanno supportato il mio lavoro e sopportato me durante la stesura del libro.

BIBLIOGRAFIA

- P. Lombardi, *La difesa del suolo*, Trattato di diritto dell'ambiente, Giuffré editore, 2014, III, 667-697;

- M. Festa, S. Mongelli e N. Reggiani, *Consumo di suolo, l'analisi delle trasformazioni delle superfici naturali attraverso l'utilizzo delle banche dati del catasto e dell'Omi*, Osservatorio del Mercato immobiliare i Quaderni dell'Osservatorio, appunti di economia immobiliare 2/2013, Agenzia delle Entrate, 2014;

- Union Camere, *Il partenariato pubblico privato e l'edilizia sostenibile in Italia nel 2013*, 2014;

- State of Michigan, *Detroit Fact Sheet*, 2014;

- N. Olivetti Rason, *La natura e il paesaggio nel diritto costituzionale*, Trattato di diritto dell'ambiente, Giuffré editore, 2014, III, 59-161;

- C. Videtta, *Lo sviluppo sostenibile. Dal diritto internazionale al diritto interno*, Trattato di diritto dell'ambiente, Giuffré editore, 2014, I, 221-269;

- R. Cavallo Perin, *Il welfare state nell'Unione Europea in tempo di crisi economica e l'inesatta contrapposizione tra Stato e mercato*, Fenomenologia e Società, 1/2013, 37-52;

- Associazione Nazionale Costruttori Edili, *Osservatorio congiunturale sull'industria delle costruzioni*, 2013;

- D. M. Traina, *Lo jus aedificandi può ritenersi ancora connaturale al diritto di proprietà?*, Riv. giur. edilizia, 5/2013, 257-299

- G. Marena, *L'urbanistica consensuale e la negoziazione dei diritti edificatori*, Riv. notariato, fasc. 4, 2013, 893;

- Ministero dell'ambiente e per la tutela del territorio e del mare, *Il rischio idrogeologico in Italia,* 2013;

- Consiglio Nazionale Architetti Pianificatori e Paesaggisti e Conservatori, *Piano nazionale per la rigenerazione urbana sostenibile*, 2013;

- G. Pizzanelli, *Servizi Pubblici e principio di sussidiarietà tra società e stato;*

- P. Maddalena, *Per una teoria dei beni comuni*, Micro Mega 12/2013;

- Agenzia del Territorio, *Gli immobili in Italia 2012*, Dipartimento delle Finanze, 2013;

- Osservatorio del Mercato Immobiliare, *Statistiche catastali,* Agenzia delle Entrate, 2013;

- P. Lombardi, *Il governo del territorio tra politica e amministrazione,* Giuffré editore, 2012;

- E. Casetta, *Compendio di diritto amministrativo*, Giuffré editore, 2012;

- S. Settis, *Paesaggio Costituzione cemento*, Einaudi, 2012;

- G. Cianferotti, *L'attività interna nella storia dell'amministrazione italiana*, Riv. trim. dir. Pubbl., 3/2011, 725;

- S. De Laurentiis, *L'evoluzione della disciplina prevista in tema di paesaggio tra modelli di tutela di fonte costituzionale e onnicomprensività della nozione di ambiente*, Riv. giur. Edilizia,3/2010, 756 ;

- P. Lombardi, *Pianificazione urbanistica e interessi differenziati: la difesa del suolo quale archetipo di virtuose forme di cooperazione tra distinti ambiti di amministrazione*, Riv. giur. Edilizia, 2/2010, 93;

- F. Galgano, *Diritto privato*, Cedam, 2010;

- F. Fracchia, *Sviluppo sostenibile. La voce flebile dell'altro tra protezione dell'ambiente e tutela della specie umana*, Editoriale Scientifica, 2010;

- H. S. Rosen e T. Gayer, *Scienza delle finanze*, McGraw-Hill, 2010;

- G. Cordini, *Principi costituzionali in tema di ambiente e giurisprudenza della corte costituzionale italiana*, Riv. giur. ambiente, 5/2009, 611;

- A. Galvani, *La legislazione della bonifica e i Consorzi di Bonifica in Italia*, 2009;

- S. Amorosino, *Alla ricerca dei "principi fondamentali" della materia urbanistica tra potestà normative statali e regionali*, Riv. giur. Edilizia, 1/2009, 3;

- F. Schiaffonati, *Il recupero del dismesso urbano. Scenari normativi, gestionali e progettuali*, Aestimum, 26, 2009, 231-246;

- J. L. Bermejo Latre, *Le politiche ambientali in Italia nella transizione del ventesimo secolo*, Riv. giur. Ambiente, 5/2008, 755;

- M. D. Lacu, *I Consorzi di Bonifica ed il beneficio fondiario specifico e diretto quale fondamento dell'imposizione contributiva consortile*, Filo Diritto, 2008;

- A. Bartolini, *I diritti edificatori in funzione premiale*, Riv. giur. Urb., 4/2008, 429;

- S. Raimondi, *Urbanistica edilizia espropriazione*, Giuffré editore, 2007;

- M. Perini, *L'organizzazione nascosta*, Franco Angeli, 2007;

- P. Stella Richter, *Il difficile rapporto tra urbanistica e diritto di proprietà*, Editoriale Scientifica, 2007;

- P. G. Gabassi; *Psicologia del lavoro nelle organizzazioni*, Franco Angeli, 2006;

- G. Carraro Moda. *Estimo professionale*, Legislazione Tecnica Editrice, 2006;

- B. Giuliani, *La nozione costituzionale di "governo del territorio": un'analisi comparata*, Riv. giur. Edilizia, 6/2005, 285;

- G. Storto, *Le società di trasformazione urbana*, edizioni Il Sole 24, 2004;

- Ministero dell'ambiente e per la tutela del territorio e del mare, *Pianificazione territoriale provinciale e rischio idrogeologico previsione e tutela*, 2003;

- F. Prina, *Devianza e politiche di controllo. Scenari e tendenze nelle società contemporanee*, Carocci, 2003 ;

- V. Salamone, *Jus aedificandi e tutela risarcitoria*, Diritto & diritti, 2001;

- R. Cavallo Perin, *I principii come disciplina giuridica del pubblico servizio tra ordinamento interno ed ordinamento europeo*, Diritto amministrativo, Giuffré editore, 2000, 41-79;

- S. Mangiameli, *i vincoli di piano alla resa dei conti davanti alla corte costituzionale (tra definizione dei principi e diretta liquidazione dell'indennizzo)*, Giur. Cost., 1/2000, 611-628;

- D. Osborne, T. Gaebler, *Dirigere e governare (Reinventing Government)*, Garzanti, 1995;

- L. Bobbio, *La democrazia non abita a Gordio*, Franco Angeli, 1994;

- M. Ferrante S. Zan, *Il fenomeno organizzativo*, Carocci, 1994;

- A. Pizzorno, *Le radici della politica assoluta e altri saggi*, Feltrinelli 1993;

- P. Farinella, *Semplificare la complessità?*, Naturalmente 1/1993, 20-21;

- A. Balducci, *Disegnare il futuro*, Il Mulino, 1991;

- J. Friedman, *Planning in the Public Domain: From Knowledge to Action*, Princeton University Press , 1987;

- M. Crozier, *État modeste, état moderne*, Favard, 1987;

- E. Casetta, *La tutela del paesaggio nei rapporti tra stato, regioni ed autonomie locali*, Regioni, 1984, 1181;

- M. Friedman e R. Friedman *Liberi di scegliere*, Milano, Longanesi, 1981;

- A. Crosetti. *Profili giuridici della riorganizzazione del territorio*, Giuffré, 1979;

- C. Mortati, *Istituzioni di diritto pubblico*, Cedam, Padova, 1976;

- H. Simon, *The Structure of Ill-structured Problems*, Artificial Intelligence, 1973, 181-201;

- E.J. Mishan, *The Postwar Literature on Externalities: An Interpretative Essay*, Journal of Economic Literature, 1971, 1-28;

- P. Drucker, *The Age of Discontinuity*, Heinemann, 1969;

- J. M. Buchanan e W. C. Stubblebine, *Externality*, Economics, 1962, 477-488;

- J. T. Scitovosky *Two Concepts of External Economies*, Journal of Political Economy vol. LXII, 1954, 143;

- L.Einaudi, *Della servitù della gleba in Italia*, Il Corriere della Sera, 1951.

- L.Einaudi, *Lezioni di politica sociale*, Einaudi, 1949